U0468921

# 吕思勉文选

吕思勉 著

泰山出版社·济南·

图书在版编目（CIP）数据

吕思勉文选 / 吕思勉著. -- 济南：泰山出版社，2025.6. -- （中国近现代思想文库）. -- ISBN 978-7-5519-0922-8

Ⅰ.C52

中国国家版本馆CIP数据核字第2025FE5942号

LÜSIMIAN WENXUAN

## 吕思勉文选

责任编辑　王艳艳
装帧设计　路渊源

出版发行　泰山出版社
　　社　　址　济南市泺源大街2号　邮编　250014
　　电　　话　综　合　部（0531）82023579　82022566
　　　　　　　出版业务部（0531）82025510　82020455
　　网　　址　www.tscbs.com
　　电子信箱　tscbs@sohu.com
印　　刷　山东通达印刷有限公司
成品尺寸　165 mm×240 mm　16开
印　　张　11.25
字　　数　190千字
版　　次　2025年6月第1版
印　　次　2025年6月第1次印刷
标准书号　ISBN 978-7-5519-0922-8
定　　价　36.00元

# 凡 例

一、本书收录了作者的经典文章或片段节选，主要展现了作者的学术造诣、思想追求和情感操守，以及当时的时代风貌等。

二、将所选文章改为简体横排，以符合现代阅读习惯。原文存在标点不明、段落不分、标题缺失等不便于阅读之处，编者酌情予以调整。

三、所选文章尽量依照原作，保持原作风格及其时代韵味，同时根据需要，对原文进行了适当的删减和订正。

四、对有些当时惯用的文字，如"的""地""得""作""做""哪""那""化钱""记帐"等，仍多遵照旧用。

# 目 录

秦汉移民论 / 001

南京为什么成为六朝朱明的旧都 / 012

中国古代哲学与道德的关系 / 016

古代人性论十家五派 / 025

西汉哲学思想 / 034

魏晋玄谈 / 067

从我学习历史的经过说到现在的学习方法 / 076

年节与岁首 / 084

论文史 / 091

新旧文学之研究 / 094

文学批评之标准 / 097

学校的责任 / 100

教育当开发人的心思 / 106

论教育改革 / 109

读书的方法 / 114

青年治学当眼光远大 / 117

学问在空间，不在纸上 / 123

论青年的修养和教育问题 / 128

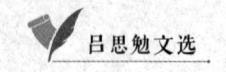

义州游记 / 134

青年时代的回忆 / 140

猫友纪 / 143

狗吠 / 149

中国未经游牧之世 / 152

农业始于女子 / 156

肉食与素食 / 159

布衣死节 / 162

中和 / 163

无为 / 168

汉时珠玉之价 / 170

汉人不重黄金 / 171

飞行术 / 173

# 秦汉移民论

## 上

《王制》言地邑民居，必参相得。《管子》曰："地大而不为，命曰土满；人众而不理，命曰人满。"若是乎，人之与地，不可不加以调剂也。然欲事调剂，必不免于移徙，而移徙之事，行之无弊甚难。故自晋以后，能行之者遂寡；惟秦、汉去古近，其事尚时有所闻耳。

秦、汉时之移民，其首要者，盖为强干弱枝之计。秦始皇甫定六国，即徙天下豪富十二万户于咸阳。汉人论议，凡事皆惩恶亡秦，独于此则承之。高祖甫灭项氏，即徙诸侯于关中；后复以娄敬言徙齐、楚大族是也。《汉书·地理志》曰："汉兴，立都长安，徙齐诸田，楚昭、屈、景及诸侯功臣家于长陵。后世世徙吏二千石，高訾富人及豪桀并兼之家于诸陵，盖亦以强干弱枝，非独为奉山园也。"则娄敬之策，汉且世世行之矣。章邯破邯郸，皆徙其民河内，夷其城郭，此则所谓弱枝之策也。

非独王室如此也，即诸侯亦竞务徕民以自强。《史记·吴王濞列传》曰："会孝惠、高后时，天下初定，郡国诸侯，各务自拊循其民。吴有豫章郡铜山，濞则招致天下亡命者，益铸钱；煮海水为盐；以故无赋，国用富饶。"又曰："其居国以铜、盐故，百姓无赋；卒践更，辄与平贾。岁时存问茂材，赏赐闾里。佗郡国吏欲来捕亡人者，讼共禁弗予。如此者四十余年，以故能使其众。"《淮南衡山列传》亦言：淮南厉王聚收汉诸侯人及有罪亡者匿与居。为治家室。赐其财物、爵禄、田宅，爵或至关内侯。奉以二千石所

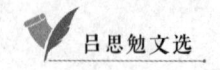

不当得。欲以有为。二王之所为，诚属别有用心。然如岁时存问茂材，赏赐闾里；为治家室，赐以财物、爵禄、田宅；则固拊循其民者所应为。《高祖功臣侯表》言："天下初定，故大城名都散亡，户口可得而数者十二三，是以大侯不过万家，小者五六百户。后数世，民咸归乡里，户益息，萧、曹、绛、灌之属，或至四万。小侯自倍。"其所以能如此者，诸侯王之各自拊循，必有力焉。此虽非移民，其效亦与移民等。齐悼惠王之封也，诸民能齐言者皆与齐，广强庶孽之谋，固与强本弱枝无二致矣。

移民实边之事，汉世亦屡有之。文帝始从晁错言，募民徙塞下。武帝元朔二年，募民徙朔方十万口。元鼎六年，分武威、酒泉地置张掖、敦煌郡，徙民以实之。平帝元始四年，置西海郡，徙天下犯禁者处之。皆规模颇远。案《食货志》言：武帝徙贫民于关以西，及充朔方以南新秦中七十余万口。应劭曰："秦始皇遣蒙恬攘却匈奴，得其河南造阳之北千里地，甚好。于是为筑城郭，徙民充之，名曰新秦。"则武帝所行，实踵始皇成规。汉高祖立赵佗诏曰："前时秦徙中县之民南方三郡，使与百粤杂处。会天下诛秦，南海尉佗居南方长治之，甚有文理，中县人以故不耗减。"则秦于北胡、南越之地，皆尝移民以实之矣。实非全用谪戍也。

《后汉书·明帝纪》云：永平八年，诏三公募郡国、中都官死罪系囚，减罪一等，勿笞，诣度辽将军营，屯朔方、五原之边县。妻子自随，便占著边县。父母、同产欲相代者恣听之。其大逆无道、殊死者，一切募下蚕室。亡命者令赎罪各有差。凡徙者赐弓弩衣粮。又云：九年，诏郡国死罪囚减罪，与妻子诣五原、朔方，占著所在。死者皆赐妻父若男同产一人复终身。其妻无父兄独有母者，赐其母钱六万。又复其口赋。其所以待之者颇优，欲相代者恣听，且赐及其妻父母，无非冀其占著所在，勿萌去志耳。

后汉旧制，边人不得内移，见《后汉书·张奂传》。建武时，徙雁门、代、上谷、定襄、五原之民以避胡，盖有所不得已也。故南单于甫降，即命云中、五原、朔方、北地、定襄、雁门、上谷、代八郡之民，归于本土。明帝永平五年，发遣边人在内郡者，赐装钱人五万。所以待之者亦颇厚。

移民之政，最为根本之计者，则调剂土满与人满也。汉景帝元年，诏曰："间者岁比不登，民多乏食，夭绝天年，朕甚痛之。郡国或硗狭，无所农桑毄畜，或地饶广，荐草莽，水泉利而不得徙，其议民欲徙宽大地者听之。"可谓知本矣。然徒曰欲徙者听，民尚未必能自徙也。《汉书·武帝纪》元狩四年，有司言关东贫民徙陇西、北地、西河、上郡、会稽，凡七十二万五千口。《史记·平准书》云："徙贫民于关以西，及充朔方以南新秦中，七十余万口。衣食皆仰给县官，数岁。假予产业。使者分部护之，冠盖相望。"其后"山东被河菑，及岁不登数年"，又令"饥民得流，就食江、淮间，欲留留处。使者冠盖相属于道护之"。平帝元始二年，罢安定呼池苑，以为安民县。募徙贫民。县次给食，至徙所，赐田宅什器，假与犁牛种食。则其所以维护之者，可谓周至矣。然其行之果善与否，亦殊难言也。伍被为淮南王划策，欲诈为丞相御史请书，徙郡国豪桀任侠；及有耐罪以上，赦令除其罪；家产五十万以上者，皆徙其家属朔方之郡；以恐动其民。可知汉世移民之弊深矣。

汉世恩泽，莫如徙诸陵者之厚。据《汉书》：武帝元朔二年，徙郡国豪桀及訾三百万以上于茂陵。大始元年，又徙吏民豪桀于茂陵、云陵。宣帝本始元年，募郡国吏民訾百万以上徙平陵。元康元年，徙丞相、将军、列侯、吏二千石訾百万者杜陵。成帝鸿嘉二年，徙郡国豪桀訾五百万以上者五千户于昌陵。其所徙者多高訾。豪桀訾或不必中徙。然郭解徙茂陵，诸公送者出千余万，岂有豪桀任侠，而以乏财为患者哉？然其所以赐之者：则景帝五年，募民徙阳陵，赐钱二十万。武帝建元三年，赐徙茂陵户钱二十万，田二顷。昭帝始元三年，募民徙云陵，赐钱、田宅。四年，徙三辅富人

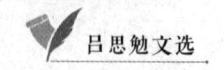

云陵,赐钱户十万。宣帝本始二年,以水衡钱为平陵徙民起第宅。是继富也,国何赖焉?徒使"五方杂厝,风俗不纯"而已。"其世家则好礼文,富人则商贾为利,豪桀则游侠通奸",秦人敦朴之风,自此散也。

秦、汉时之移民,本有为化除恶俗者。《史记·货殖列传》言秦末世迁不轨之民于南阳(《汉书·地理志》云:秦既灭韩,徙天下不轨之民于南阳);武帝元狩五年,徙天下奸猾吏于边是也。所忠言世家子弟富人,或斗鸡走狗马,弋猎博戏,乱齐民,乃征诸犯令,相引数千人,名曰株送徒,其行之虽虐,其意则犹是也。主父偃说武帝曰:"天下豪桀兼并之家,乱众之民,皆可徙茂陵,内实京师,外消奸猾,此所谓不诛而害除。"成帝时,陈汤言:"天下民不徙诸陵三十余岁矣。关东富人益众,多规良田,役使贫民。可徙初陵,以强京师,衰弱诸侯。又使中家以下,得均贫富。"是则充奉陵邑之意,亦欲以摧浮淫兼并之徒。然《汉书·宣帝纪》言:帝微时喜游侠,斗鸡走马,数上下诸陵,周遍三辅,则弋猎博戏之风,有愈甚耳。即以摧兼并论,亦岂易言哉?《后汉书·贾复传》:子宗,建初中为朔方太守。旧内郡徙人在边者,率多贫弱,为居人所仆役,不得为吏。宗擢用其任职者。与边吏参选,转相监司,以谪发其奸。或以功次补长吏。故各愿尽死。匈奴畏之,不敢入塞。徙人贫弱者为居人所仆役,徙人富豪,而国家又优假之,则又将仆役居人矣。不能齐之以礼,裁之以法,虽日事迁徙,奚益哉(《汉书·李广苏建传》言:李陵征匈奴时,关东群盗妻子徙边者,随军为卒妻妇,大匿车中。亦可见徙边者之流离失所)。

《后汉书·光武帝纪》:建武十六年,郡国大姓及兵长群盗,处处并起。攻劫在所,害杀长吏。郡县追讨,到则解散,去复屯结。青、徐、幽、冀四州尤甚。冬,十月,遣使者下郡国。听群盗自相纠摘。吏逗留、回避、故纵者皆勿问,听以擒讨为效。其牧、守、令长,坐界内盗贼而不收捕者,又以畏愞捐城委守者,皆不以为负，但取获贼多少为殿最。唯蔽匿者乃罪之。于是更相追捕，贼并解散。徙其魁帅于它郡，赋田受禀，使安生业。自是牛马放牧，邑门不闭。史言其效或大过，然一时有摧陷廓清之功，则必非尽诬。所以然者，恶人必有党与，党与不能尽去，故恶人虽其居，即无能为也。吴汉平史歆、杨伟、徐容之乱，徙其党与数百家于南郡、长沙；赵熹守平原，平原多盗贼，熹讨斩其渠帅，余党当坐者数千人，请一切徙京师近郡；可知当时多以此为弭乱之策，然亦特弭乱之策而已，久安长治之规，要当别有在也。

《后汉书·樊宏传》：族曾孙准，永平初，连年水旱灾异，郡国多被饥困。准上疏曰："伏见被灾之郡，百姓雕残，恐非振给所能胜澹。虽有其名，终无其实。可依征和元年故事，遣使持节慰安。尤困乏者，徙置荆、扬孰郡。既省转运之费，且令百姓各安其所。今虽有西屯之役，宜先东州之急。如遣使者与二千石随事消息，悉留富人，守其旧土。转尤贫者，过所衣食，诚父母之计也。"征和元年之事，汉书不载。观此，知其曾有徙贫民而留富人之举，其所以抚绥之者，亦颇备也。

中

后汉之末，丧乱弘多，疆场之役，一彼一此，乃竞务移民以自利。《三国魏志·张辽传》：从攻袁尚于邺，尚坚守不下。太祖还，使辽与乐进拔阴安，徙其民河南。《钟繇传》：自天子西迁，洛阳人民单尽；繇徙关中民，又招纳亡叛以充之；数年间，民户稍实。太祖征关中，得以为资。是太祖初基，实务移民以自益也。《张既传》：张鲁降，既说太祖拔汉中民数万户，以实长安及三辅。《和洽传》：太祖克张鲁，洽陈便宜，以时拔军徙民，可省置守之费。太祖未纳。其后竟徙民弃汉中。《杜袭传》：随太祖到汉中。太祖还，拜袭驸马都尉，留督汉中军事。绥怀开导，百姓自乐出，徙洛、邺者八万余口。是当时之视得人，实重于得地。《张

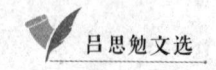

邰传》云：别督诸军降巴东、巴西二郡，徙其民于汉中；而《蜀志·张飞传》云：邰别督诸军下巴西，欲徙其民于汉中，则邰意本仅欲得其民，非欲得二郡之地也。其后三国相争，视民亦不减于视地。《曹仁传》：仁入襄阳，使将军高迁等徙汉南附化之民于汉北。《王基传》：袭步骘于夷陵，纳降数千口。于是移其降民，置夷陵县。《陈留王纪》：咸熙元年，劝募蜀人能内移者，给廪二年，复除二十岁。《蜀志·后主传》：建兴六年，诸葛亮拔西县千余家，还于汉中。十四年，徙武都氐王苻健及氐民四百余户于广都。延熙十七年，姜维出陇西，拔狄道、河间、临洮三县民，居于绵竹、繁县皆是。吴人当初兴时，地狭民寡，尤以掳掠为急。孙策破皖城，得袁术百工及鼓吹部曲三万余人，皆徙诣吴。策表用李术为庐江太守。策亡之后，术不肯事权，而多纳其亡叛。权移书求索。术报曰："有德见归，无德见叛，不应复还。"权大怒，攻屠其城，徙其部曲三万余人。建安十二年，西征黄祖，虏其人民而还。十三年，复征黄祖，虏其男女数万口。权传于建安二十五年，特书南阳阴、酂、筑阳、山都、中庐五县民五千家来附。赤乌六年，诸葛恪征六安，破魏将谢顺营，收其民人。恪传言恪欲出军，诸大臣同辞谏恪。恪乃著论以谕众意，言今以魏比古之秦，土地数倍；以吴与蜀比古六国，不能半之。然今所以能敌之者，但以操时兵众，于今适尽，而后生者未悉长大，正是贼衰少未盛之时。自本以来，务在产育。今者贼民岁月繁滋，但以尚小，未可得用耳。若复十数年后，其众必倍于今。而国家劲兵之地，皆已空尽。惟有此见众，可以定事。若不早用之，端坐使老，复十数年，略当损半，而见子弟，数不足言。若贼众一倍，而我兵损半，虽使伊、管图之，未可如何。此时用兵形势，与户口登耗关系之大，可以想见。无怪袁淮欲捐淮、汉以南，以避吴之钞掠矣。

此时移民，颇多一切不顾利害之举。《魏志·辛毗传》：文帝欲徙冀州士家十万户实河南。时连蝗，民饥，群司以为不可，而帝意甚盛。毗与朝臣俱求见。帝知其欲谏，作色以见之；皆莫敢言。毗曰："陛下欲徙士家，其计安出？"帝曰："卿谓我徙之非邪？"毗曰："诚以为非也。"帝曰："吾不与卿共议也。"毗曰："陛下不以臣不肖，置之左右，厕之谋议之官，安得不与臣议邪？臣所言非私也，乃社稷之虑也，安得怒臣？"帝不答，起入内。毗随而引其裾。帝遂奋衣不还。良久乃出，曰："佐治，卿持我何大急邪？"毗曰："今徙，既失民心，又无以食也。"帝遂徙其半。观毗谏争之切，可知当时移徙诒患之深。《卢毓传》：文帝以谯旧乡，故大徙民充之，以为屯田。而谯土地硗瘠，百姓穷困。毓愍之，上表徙民于梁国就沃衍。失帝意。虽听毓所表，心犹恨之。遂左迁毓，使将徙民，为睢阳典农校尉。毓心在利民，躬自临视，择居美田，百姓赖之。观此，而文帝之愎谏可知矣。《张既传》：为雍州刺史。太祖徙民以充河北。陇西、天水、南安三郡民相恐动，既假三郡人为将吏者休课，使治屋宅，作水碓。民心遂安。《杨阜传》：转武都太守。刘备取汉中，以逼下辩。太祖以武都孤远，欲移之，恐吏民恋土。阜威信素著，前后徙民、氐，使居京兆、扶风、天水界者万余户。徙郡小槐里，百姓襁负而随之。《蒋济传》，太祖问济曰："昔孤与袁本初对官渡，徙燕、白马民，民不得走，贼亦不敢钞。今欲徙淮南民，何如？"济对曰："民无他志，人情怀土，实不乐徙，惧必不安。"太祖不从，而江、淮间十余万众皆惊走吴。俱见移民之非易也。

《杜袭传》：为西鄂长。县滨南境，寇贼纵横。时长吏皆敛民保城郭，不得农业。野荒民困，仓庾空虚。袭自知恩结于民，乃遣老弱各分散就田业，留丁强备守。吏民叹悦。会荆州出步骑万人来攻城。袭乃悉召县吏民任拒守者五十余人，与之要誓。其亲戚在外，欲自营护者，恣听遣出。皆叩头愿致死。于是身执矢石，率与勠力。吏民感恩，咸为用命。临阵斩数百级。而袭众死者三十余人，其余十八人尽被创。贼得入城。袭帅伤夷吏民，决围得出。死丧略尽,而无反背者。遂收散民,徙至摩陂营。吏民慕而从者如归。此丧乱之际,民无所依,故易与之俱徙。《管宁传》言:胡昭居陆浑山中,县民孙狼等作乱,县邑残破,陆浑长张固,率将十余吏卒,依昭住止,招集遗民,安复社稷,同此理也。当时士民,率多流窜山谷,所谓山越,实多华人,予别有考。《郑浑传》:迁左冯翊。时梁兴等略吏民五千余家为寇钞。诸县不能御,皆恐惧,寄治郡下。议者悉以为移就险。浑曰:"兴等破散,窜在山阻,虽有随者,率胁从耳。今当广开降路,宣喻恩信。而保险自守,此示弱也。"乃聚敛吏民,治城郭,为守御之备。遂发民逐贼,明赏罚,与要誓,其所得获,十以七赏。百姓大悦,皆愿捕贼;多得妇女财物。贼之失妻子者,皆还求降。浑责其得他妇女,然后还其妻子。于是转相寇盗,党与离散。又遣吏民有恩信者,分布山谷告喻。出者相继。乃使诸县长吏,各还本治,以安集之。令长亦欲徙而守险,无怪民之争保山泽矣。此亦乱世之移徙者也。惜开辟山泽之法,尚未尽善,乱定旋复弃之耳。然山泽之因此而开辟者,亦当不少也。

### 下

安土重迁,人之情也。然当丧乱之际,死亡迫于眉睫,人亦孰不欲迁徙以自安?所以犹不乐徙者:则以上之所利,非必民之所利;或虽为民所同利,而迫蹙驱遣,所以徙之者非其道耳。职是故,丧乱之际,民之自行移徙者,实较官所移徙为多。观后汉之末,民徙交州及辽东西者之多而可知矣。边方之开辟充实,实有赖焉。自清之季,丧乱频仍,民之移居关东者日益众。至今日,都计关东之民,汉人居十五分之十四。日本强据关东,国际联盟派员调查,其所撰报告,犹以是为关东当属中国之证焉。是则丧乱于内,而拓殖于外也。故曰:祸兮福所倚,福兮祸所伏。

秦、汉距部族之世近,故其人民之移徙率成群,而其士大夫亦多能为之率将。田畴入徐无山，数年间，百姓归之者至五千余户。邴原在辽东，一年中，往归者数百家。管宁至辽东，庐于山谷。越海避难者，皆来就之，旬月而成邑。王烈之在辽东也，东城之人，奉之若君，皆以此也。然士大夫究有党援，故乱平后多复归；小民则不然。《管宁传》曰："中国少安，客人皆还，惟宁晏然，若将终焉。"客人指士大夫言，不该凡细民也。此边徼之开辟，所以多食贫居贱者之功与？

当时士大夫之流徙者，族党之间，亦率能互相救恤，此宗法社会之遗风也。许靖之在交趾也，袁徽与荀彧书，称其每有患急，常先人后己，与九族中外，同其饥寒。晋世阳裕，为慕容皝所擒。史称其性谦恭清俭，刚简慈笃。士大夫流亡羁绝者，莫不经营收葬，存恤孤遗。士无贤不肖，皆倾身待之。是以所在推仰，犹有其遗风焉。诸贤之于齐民，所以能为之立约束，兴教化者，亦以其去部族之世近，民素听从耳。故知社会必固有纲纪，然后贤者能因而用之。若真一盘散沙，虽有管、商，亦无以善其后也。慕容廆之据辽东西也，流亡士庶，襁负归之。廆乃立郡以统流人。冀州人为冀阳郡，豫州人为成周郡，青州人为营丘郡，并州人为唐国郡。及皝，罢成周、冀阳、营丘等郡，仍以渤海人为兴集县，河间人为宁集县，广平、魏郡人为兴平县，东莱、北海人为育黎县，吴人为吴县，悉隶燕国。所以必如其故郡区处之者，亦以其民固有纲纪也。观此，可知侨置郡县之所由来。

《汉书·地理志》：京兆尹新丰县，高祖七年置。《高帝纪》：十一年四月，令丰人徙关中者，皆复终身。《注》皆引应劭曰："太上皇思土欲归丰，高祖乃更筑城寺市里如丰县，号曰新丰。徙丰民以充实之。"此乃传说缪悠之辞。实则丰人之从高祖入关者，与以田宅，为筑市里耳。高祖之为汉王而之国也，楚与诸侯子慕从者数万人，丰人安得不成市里？又高祖称萧何之功曰"举宗而从我"，高祖戚党之从者，又安得不多邪？此亦丧乱之际，民之成群迁徙者也。

《地理志》言河西诸郡，"酒礼之会，上下通焉，吏民相亲，是以其俗风雨时节，谷籴常贱，少盗贼，有和气之应，贤于内郡，此政宽厚，吏不苛刻所致也"。夫岂天之独厚于边郡？亦岂吏至边郡则贤？盖地广民稀，水草宜畜牧使然也。《盐铁论·未通篇》：御史曰："内郡人众，水泉荐草，不能相赡。地势温湿，不宜牛马。民跖耒而耕，负檐而行，劳罢而寡功。是以百姓贫苦，而衣食不足。老弱负辂于路，而列卿大夫，或乘牛车。孝武皇帝平百越以为囿圃，却羌、胡以为苑囿，是以珍怪异物，充于后宫。騊駼、駃騠，实于外厩。匹夫莫不乘坚良，而民间厌橘柚。"由此观之，边郡之利亦饶矣。以珍怪异物、騊駼、駃騠为利，未之敢闻。匹夫乘坚良，民间厌橘柚，恐亦言之大过。乘者厌者，岂真齐民邪（文学曰："往者未伐胡、越之时，繇赋省而民富足。温衣饱食，藏新食陈。布帛充用，牛马成群。农夫以马耕载，而民莫不骑乘。当此之时，却走马以粪。其后师旅数发。戎马不足，牸牝入陈。故駒犊生于战地，六畜不育于家，五谷不殖于野。民不足于糟糠，何橘柚之可厌？"案《平准书》言孝武初之富庶曰："众庶街巷有马，阡陌之间成群，而乘字牝者，摈而不得聚会。"而元狩四年，卫青、霍去病之击胡，汉军马死者十余万匹。《匈奴列传》言：匈奴虽病远去，而汉亦马少，无以复往。其军如此，况于民间骑乘？故知御史之言，必非其实也）？然其言畜牧之利则真矣，可与《汉·志》之言参观也。近世关东之民，自山东徙者最多。其勤苦不如其在故乡之时，而富乐过之，亦以新土地广民希，利源未尽辟也。

然新土之利，亦有未易言者。《三国魏志·仓慈传》：太和中，迁敦煌太守。郡在西陲，以丧乱隔绝。旷无太守二十岁。大姓雄张，遂以为俗。前太守尹奉等，循故而已，无所匡革。慈到，抑挫权右，抚恤贫羸，甚得其理。旧大族田地有余，而小民无立锥之土。慈皆随口割赋，稍稍使毕其本直。豪强兼并，岂二十年中所能为？则敦煌土地之不均旧矣。此即先汉之末，"谷籴常贱，有和气之应"之地也。故知无政，则旧邦污俗，渐染新邦，若置邮而传命也。《仓慈传》又曰：西域杂胡，欲来贡献，诸豪族多逆断绝。既与贸迁，欺诈侮易，多不得分明，胡常怨望。慈皆劳之。欲诣洛阳者，为封过所。欲从郡还者，官为平取。辄以府见物，与共交市。使吏民护送道路。由是民夷翕然，称其德惠。然则中外交市之利，亦为豪右所专矣。而曰：匹夫乘坚良，民间厌橘柚，乘者果匹夫？厌者信齐民邪？《梁习传》：领并州刺史。时承高干荒乱之余，胡、狄在界，张雄跋扈。吏民亡叛，入其部落。边方无政，吾民有反为人用者矣。楚、汉分争，而冒顿控弦之士三十余万；隋末云扰，而突厥控弦之士至百万；其中岂无华民归之者邪？耶律阿保机立汉城以并八部，德光遂用之，以反噬燕、云矣。

## 南京为什么成为六朝朱明的旧都

都邑的选择，我是以为人事的关系，重于地理的。南京会成为六朝和明初的旧都，这一点，怕能言其真相者颇少。读史之家，往往把史事看得太深了，以为建都之时，必有深谋远虑，作一番地理上的选择，而不知其实出于人事的推移，可谓求深而反失之。所以我在这里，愿意说几句话，以证明我的主张，而再附述一些我对于建都问题的意见。

南京为什么成为六朝的都邑？东晋和宋齐梁陈，不过因袭而已。创建一个都邑，不是一件容易的事情；又当都邑创建之初，往往是天造草昧之际，人力物力，都感不足，所以总是因仍旧贯的多，凭空创造的少，这是东晋所以建都南京的原因。至于宋齐梁陈四代，则其政权本是沿袭晋朝的，更无待于言了。然则在六朝之中，只有孙吴的建都南京，有加以研究的必要。

孙吴为什么要建都南京呢？长江下流的都会，是本来在苏州，而后来迁徙到扬州的。看秦朝会稽郡的治所，和汉初吴王濞的都城，就可知道。孙吴创业，本在江东，其对岸，到孙策死时，还在归心曹操的陈登手里，自无建都扬州之理。然则为什么不将根据地移向长江上流，以便进取呢？须知江东定后，他们发展的方向，原是如此的，然其兵力刚进到湖北边境时，曹操的兵，已从襄阳下江陵，直下汉口了。上流为曹操所据，江东断无以自全，所以孙权不能不连合刘备，冒险一战。赤壁战后，上流的形势稳定了，然欲图进取，则非得汉末荆州的治所襄阳不可。而此时荆州，破败已甚，庞统劝刘备进取益州，实以"荆州荒残，人物凋敝"为最大的理由。直至曹魏之世，袁淮尚欲举襄阳之地而弃之，其不能用为进取的根据可见。然吴若以全力进取，魏亦必以全力搏击，得之则不能守，不得则再蹈关羽的覆辙，所以吴虽得荆州，并不向这一方面发展，孙权曾建都武昌，后仍去之而还江东，大概为此。居长江下流而图发展，必先据有徐州。关于这一个问题，孙权在袭取关羽时，曾和吕蒙研究过，到底取徐州与取荆州，熟为有利？吕蒙说，徐州，北方并无重兵驻守，取之不难，然其地为"骁骑所骋"，即七八万人，亦不易守，还是全据长江的有利。如此，才决计袭取荆州。可见在下流方面，孙吴亦不易进取，而曹魏在这方面的压力却颇重，原来刘琮降后，曹操要顺流东下，不过一时因利乘便之计。若专欲剿灭孙吴，自以从淮南进兵为便，所以赤壁战后，曹操曾四次征伐孙权（建安十四年，十七年，十九年，二十一年），都是从这一方面来的，而合肥的兵力尤重。孙吴所以拒之者，实在今濡须口一带，此为江东的生死所系，都金陵，则和这一带声势相接，便于指挥。又京口和广陵相对，亦为长江津渡之处，曹丕曾自将自此伐吴，此路亦不可不防，居金陵与京口相距亦近，有左顾右盼之势，孙权所以不居吴郡而居金陵，其理由实在于此。此不过一时战事形势使然，别无深意。东晋和宋齐梁陈四朝，始终未能恢复北方，论者或谓金陵的形势，欲图进取，尚嫌不足。后来宋高宗建都临安，或又嫌其过于退婴，谓其形势尚不如金陵，此等议论，皆太偏重地理。其实南朝之不能恢复，主因实在兵力之不足。当时兵力，南长于水，北长于陆，水军之力，虽犹足防御，或亦可乘机为局部的进取，然欲恢复中原，则非有优良的陆军，作一两次决定胜负的大战不可。且身临前敌，居于适宜指挥之地，乃一将之任，万乘之君，初不必如此。孙权虽富有谋略，实仍不脱其父兄剽悍轻率之性质，观建安二十年攻合肥之役可知。此其所以必居金陵。若宋高宗，则初不能自将，居金陵与居临安何异？小国寡民之世，则建都之地，要争出入于数百里之间，至大一统之世则不然，汉高祖欲

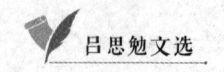

都洛阳，留侯说，其中小，不过数百里，田地薄，四面受敌，不如关中，沃野千里，阻三面守，独以一面制诸侯。此乃当统一之初，尚沿列国并立时代之习，欲以都畿之地，与他人对抗，故有此说。若大一统之世，方制万里，都在一个政府统制之下，居长安与居洛阳，又何所择？然则政治及军事的指挥，地点孰为适宜，必计较于数百千里之间，亦只陆恃马力，水恃帆力之世为然。

明初为什么要建都南京呢？那是由于其起兵之初，还没有攘斥胡元的力量，而只是要在南方觅一根据地，那么自濠州分离别为一军而渡江，自莫便于集庆（元集庆路）。太祖的取天下，其兵力，用于攘斥胡元者实少，用于勘定下流之张士诚、上流之陈友谅者转多。胡元遁走以后，南方之基础已固，又何烦于迁都？论者或谓明之国威，以永乐时为最盛，实由成祖迁都北平使然，此亦不考史实之谈，论其实，则永乐时之边防，实较洪武时为促。明初，北方要塞，本在开平（今多伦），自成祖以大宁畀兀良哈而开平卫势孤，宣宗乃移之于独石，自此宣、大遂成极边。明初胡元虽退出北平，然仍占据漠南北，为中国计，欲图一劳永逸，必如汉世发兵绝漠，深入穷追，然度漠之事，太祖时有之，成祖时则未之闻。其后有也先之难，俺答之患，中国何尝不都北平？

自中国历代兵争之成败观之，似乎北可以制南，南不可以制北，故论建都之地者，多谓北胜于南。而同一北方，则又谓西胜于东，汴梁不如洛阳，洛阳不如长安，此皆以成败之原因，一断之于军事，而言军事之成败，则又一断之于地理形势，殊为失实。只有黄梨洲所见能与众不同，他在《明夷待访录》上说：秦汉之时，关中风气会聚，田野开辟，人物殷盛，吴楚方脱蛮夷之号，风气朴略，故金陵不能与之争胜。今关中人物，不及吴会久矣。东南粟帛，灌输天下，天下之有吴会，犹富室之有仓库匮箧也。千金之子，仓库匮箧，必身守之，而门庭则以委之仆妾，舍金陵而弗都，是委仆妾以仓库匮箧。昔日之都燕，则身守夫门庭矣，曾谓治天下而智不千金之子若欤？他知道天下之"重"，在财力，在文化，而不单在兵事，其识可谓胜人一筹。

古人有治，首重风化。欲善风俗，必有其示范之地，以理以势言之，自以首都为最便，故京师昔称首善之区。昔时论建都者，多注重于政治军事，而罕注重于化民成俗，有之者，则惟汉之翼奉，唐之朱朴，宋之陈亮。翼奉当汉元帝时，他对元帝说：文帝称为汉之贤君，亦以其时长安的规模，尚未奢广，故能成节俭之治，若在今日，亦"必不能成功名"，他主张迁都成周，重定制度，"与天下更始"。朱朴，当唐末亦说"文物资货，奢侈僭伪已极"，非迁都不可。陈亮当宋高宗时，上书说，钱塘终始五代，被兵最少，二百年之间，人物繁盛，固已甲于东南，而秦桧又从而备百司庶府，以讲礼乐于其中，士大夫又从而治园囿台榭，以乐其生；干戈之余，而钱塘遂为乐国矣。窥其意，宴安鸩毒，实为不能恢复的大原因。三家之言，皆可谓深切著明，而陈亮之言，实尤为沉痛。有谋国之责者，倘不视为河汉？

## 中国古代哲学与道德的关系

近来人都说，中国的文明比较古代为退化，乍一听得，颇不相信；因为我们现在所住的房屋，著的衣服，吃的食品，以及一切用的东西，都比古时候为精美；怎么倒说退化呢？老实说，物质的文明果真比古时候进步，但是精神的文明，也有不如古人的地方，无论什么事情，总有个哲学上的根据。怎样叫哲学上的根据？就是这件事情，为什么要如此？这句话，似乎是很靠不住的。为什么呢？因为有许多人，他的做事，似乎是漫无思索，并不问其所以然的。然而不然。这等人，在咱们看著他，似乎是漫无思索。其实他的做事，仍旧有他的所以然之故。譬如从前有些人是很顽固的，见了外洋的东西，不问什么，一概拒绝。郭嵩焘第一个带了小轮船回到家乡湖南去，有些人便大动公愤，聚众把它拆掉。吾乡有个老先生，生平是不用洋货的。他有个朋友，也是如此。有一天，不知怎样，他这位朋友，忽而照了一张小照，送去给这位老先生看。老先生还不曾看，便正颜厉色的责备道："你也弄这个么？"他的朋友大惭。这种人，在咱们看了他，似乎他的举动，是绝无所以然之故的了。其实不然。他正和他"不作无益害有益""毋或作为淫巧，以为上心""为机械变诈之巧者，无所用耻焉""有机事者必有机心"等等的宗旨相一贯。正惟他的举动，必有一个"所以然"之故，所以他必不能忽然变为开通。倘使一个人的举动，可以无"所以然"之故，那就仁爱之人可以极端相暴，廉洁的人可以极端诈欺，天下倒也不怕有什么顽固党了。由此看来，可以见得无论什么人，总有他的一种见解，横亘在胸中。遇有新发生的问题，他便把这种见解，做量是非的尺去量。量下来以为是的就赞成，以为非的就反对（这种尺固然也是逐渐造成的，不是生来就有的；也是随时改变的，不是一成不变的。然而在一定的时间内，总不得有急剧显著的变化）。这便是他的哲学。

一个人如此，一个民族亦然。有甲所视为当然之理，乙绝不能认识的，就有甲民族甲社会人人共喻之理，乙民族乙社会绝不能了解的，这便是一民族一社会的哲学。一个人的哲学，必然要影响于其行为。一民族的哲学，也必然要影响于其民族全体及各分子的行为。

凡人的行为，不是自由的；不是绝无标准，而是可以预测的。现在有一个人，我若晓得他脑子里所怀抱的见解（他的哲学），我便能决定他对于某事一定赞成，对于某事一定不赞成，譬如专抱着"毋或作为淫巧"思想的人，我便可以预料他，倘然看见了轮船，一定要想拆毁。然则倘能知道一民族所怀抱的见解（哲学），也就可以预测他的行为了。同样，看了一个人或一个民族的行为，也可以测定他的哲学思想了。这便是哲学与道德的关系。所以我看了中国人行为的错误（以道德为不道德，以不道德为道德，想要实践道德，反而做出不道德的事情来），我只怪他的哲学（所抱的见解）错误。然则中国古代的哲学，到底怎样呢？倘使古代的哲学，比现在好，古人的道德，就一定比现在好了；若古代的哲学，比现在坏，则古人的道德，就一定比现在坏了。依我看来，我民族现在的哲学，确有不如古人的地方。我现在且谈谈古人的哲学。

现在的所谓学问，是从事于部分的。所谓哲学，也不过把各科学之所得，再行联结起来，以求其共通的原理。至于最后的（最根本的）、最大的（可以包括一切的）原理，在认识论上，已经证明其不可知了（倘使要知，除非是佛家的所谓"证"。在知识上，是决没有这一天的）。然而这一层道理，是古人所不晓得的。既不承认那"最后的""最大的"为不可知；则自然想求得那"最后

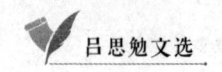

的""最大的",俾其余一切问题,均可不烦言而解。所以古人的求学问,反是从那最高深玄远的地方讲起。如今人开口就说"宇宙观""人生观",其实这两个问题,原是一个。因为咱们(人)是宇宙间的一物,要是晓得了宇宙的真相如何,咱们所以自处之道,自然不烦言而解。所以古代的人生观,都是从他的宇宙观来的。要讲宇宙观,劈头便有一个大问题,便是"万物从何而来"?古人对这一个问题的解答,是以为"凡物是生于阴阳两性的结合的"(这是从人类繁殖上想出来的)。所以说:"天地氤氲,万物化醇。男女构精,万物化生""有天地,然后有万物,有万物,然后有男女""物本乎天,人本乎祖"。

这种思想,总可以算是合理的。但是阴阳还是两个,人的对于事物,所想推求的,总是"最后的""惟一的"。一定要是"惟一的",才能算是"最后的"。然而"阴阳之所从出",又是一个什么东西呢?这个问题,我敢说是人的知识,决不能知道的(佛家所谓"惟证相应")。因为咱们的意识,所能知道的现象,一定是两相对立的(而亦仅限于两,因为仅限于两,所以无论如何相异的东西,总能求得其中一个共通的原理。因为必须有两,所以最后的一个原理,是无从知道的。这种道理,佛家的唯识论,说得明白)。那"惟一的"(最后的)就永远不能入于吾人意识区域之内。但是"一"虽非吾人所能知,而在理论上,却可承认其有。因为"一"之名是与"非一"相对而立的。固然必有所谓"非一",乃有所谓"一"。亦必有所谓"一",乃有所谓"非一"。"一"与"非一",是同时承认其一,即不能否认其二的。"非一"是人人所能认识的,那么"一"在理论上,也不能不承认其成立了。这正和有与无的问题一样,真的"无",是吾人不能想像的。吾人所能想像的,不是佛家所谓"断空",就是所谓"对色明空"。"断空"和"对色明空",都不是真空。但是"无"虽非吾人之意识所能知,而在理论上,仍可承认其有。因为"无"之名,对"有"而立，否认"无"，就是否认"有"，"有"是人人认识，不能否认的，所以也就不否认"无"。所以古人在阴阳两性之上，又假设了一个惟一的东西，这个便是所谓"太极"。所以说：易有太极，是生两仪。"两仪""阴阳"是人人所能认识的，"太极"却是不能认识，仅从理论上承认其有的。然则两仪是"有"，太极是"无"了。所以说："有"生于"无"。"无"怎样会生出"有"来呢？这便是哲学中最困难的一个问题。而古代的宇宙论，也就以此为中坚了。现在先要问一句话，便是："古代的哲学，到底是唯心论？还是唯物论？"我敢说是唯物论，而且和希腊的唯物论，很为相近的。希腊人说万物的本源是"水"，"水之稀薄的是火和风""浓厚的是金和土"。又说："地水火风同是万物的本源""因其互相爱憎的关系""可就把万物造出来啦"。中国人说：万物的本源是气。《乾凿度》说："夫有形生于无形，则乾坤安从生？故曰：有太易，有太初，有太始，有太素。太易者，未见气也。太初者，气之始也。太始者，形之始也。太素者，质之始也。气形质具而未相离，故曰浑沌（易义疏八论之一）。"这种说法，和Democritus的原子论，很为相像。Democritus说：宇宙万物，皆原子所构成。中国人亦说：宇宙万有，皆气之所构成。Democritus说：原子变化而成万物，由于它固有运动的性质。因运动而生冲突，因冲突而变形。中国人说：宇宙的最初，谓之太易，易就是变动不居的意思。一切万有都是由这动力而生的。这种动力自其本体而言之，谓之"元"。自其变动之状态而言之，则谓之"易"。所以《易经》上说："大哉乾元，万物资始，乃统天。"《公羊》何《注》也说："变一为元。元者，气也；无形以起，有形以分；造起天地；天地之始也。"现在普通的意见，总以为中国人是很敬重天地的，把天地就算做万物的本质，其实不然。在古代的哲学上，看了天地，不过是和万物相同的一物。天地的成为天地，正和禽兽草木的成为禽兽草木一样。这是因为古人说万有的本原，只有一种气。无论什么东

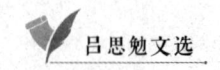

西，凡可指为有的，都是这一种气之所构成。那么，天地也不过宇宙间的一种气，道循一种定律，而成为天地罢了。和禽兽草木的道循一种定律，而成为禽兽草木，有什么两样呢（这种说法，和"有天地然后有万物""物本乎天"的说法，仍不相背。因为此物出于彼物，彼物不就是此物的真原因。譬如人，是父母所生，然父母和子女，仍同为宇宙间的一物。天地和万物的关系，正如父母和子女的关系一样）？有这种说法，所以才有"齐物论"。因有一种动力，而生所谓气，因气而生形，因形而生质，那就什么东西都有，成为万象森罗的世界了。先有形而后有质，这种思想，在吾人颇难了解。其实这也和希腊人的思想，是一样的。亚里斯多德说：形是"原动"，质是"被动"。形是"能造"，质是"所造"。譬如吾人的造屋，是先有了一间屋的形状在肚子里，然后用砖瓦木石等去实现它，不是有了砖木瓦石，才实现出屋的形状来的。造屋固然是人为的事，然而天然物形质的关系，也正和这个一样。譬如从桃种变成桃树，就是桃种的质，向著桃树的形而起的变化。

这种说法，固然不是彻底的议论（其于华严理事无碍觐门，可谓未达一问）。然而中国古人的思想，也正是如此，所以照咱们现在说，液体的东西，总比气体为浓厚。而照古人说，则火比水为显著，所以古人说五行生成的次序是一曰水，二曰火，三曰木，四曰金，五曰土。它的原理是"以微著为渐。……五行之体：水最微，为一。火渐著，为二。木形实，为三。金体固，为四。土质大，为五"（《尚书·洪范疏》，案此说本于《白虎通》，乃今文家义也）。从轻微不可见的气，变成极博大的土，只是由于一种动力，这种动力，也算得伟大而可惊的了。这种动力并不是从无气而有气，从有气而有形，从有形而有质；在形质之中，再由微至著：（一）水、（二）火、（三）木、（四）金、（五）土，到造成了最博大的土，就止息的。它的运动，是终古不息的。一方面，固然由微而至著；一方面，也由著而仍至于微。气固可以成形质，形质亦可以复返于气。大概古人的意思，以为物质凝集的最紧密，就有质可触；次之就有形可见；再次之，就并形而不可见，而但成为一种气了。所以说：精气为物，游魂为变。古人的所谓"精"，就是物质凝集得极紧密的意思（老子："窈兮冥兮，其中有精，其精甚真。"案"真"与"填"同训，实也。《礼器》："德产之致也精微。"郑《注》："致，致密也。"即伪緻字。《公羊》庄十年，"粗者曰侵，精者曰伐"。粗与精为对词），只是宇宙间的一种气，凝集而成形质，形质仍分散而为气。这种凝而复散，散而复凝的作用，是无时而或息的。所以说："易不可见，则乾坤或几乎息矣。"用现在的话解释起来，"易"就是"动"，"乾坤"就是"现象"，就是咱们所能认识的，只是动的现象。这种运动，到底会有一天忽然停止么？这是咱们不得而知的。果真到了这一天，实体的世界，也许还存在，然而早已出于吾人认识区域之外了，在吾人认识中的世界，就算是消灭了。古人的世界观如此。总而言之，他彻始彻终，只是把一个"动"字，说明世界的现象。

我们且进而观这种宇宙观，影响于人生观者如何，就可以见得哲学和道德的关系，也就可见得古代的哲学和中国民族道德的关系如何了。

古代哲学，影响于道德上很大，一时也说不尽许多，我现在，且随意说几样：第（一）是自强不息的道理，因为宇宙的彻始彻终，只是一个"动"。所以人得了它，也要自强不息。所以《易经》开宗明义，就说"天行健，君子以自强不息"。第（二）是法自然。这种天然的动力，是很大而无可抵抗的。所以中国古代的哲学，有一特色，便是只想利用自然，不去抵抗自然。这种思想，影响于行上，就成为一种妥协性。梁任公说："最富于妥协性的是中国人"，"凡事皆以柔道行之"。这句话，真可以表明中国人的特色了。第（三）就是循环的道理。因为宇宙之间，是动而不息的，所以没有一件东西能够常住。既然没有一件东西能够常住，自然

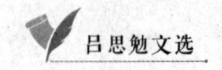

好的不能终于好，坏的不能终于坏。所以说"祸兮福所倚，福兮祸所伏"；所以要"知白守黑，知雄守雌"。第（四）是慎独的道理：古人所说的"独"，不是"群"的对词。独，训"童"，是"微细"的意思。因为宇宙万物，都是由微而至著，所以要讲慎独，讲谨小，讲慎微。反之，就是要"尚积"。第（五）就是"反本""抱一""贵虚""贵无""中庸"等等道理。这几种道理，是名异而实同的。"一"就是"无"，刚才已经说过了。"无"是"有之所从出"，自然是"可反之本"，也是不待言而可明的。至于儒家的所谓"中庸"，也就道家之所谓"一"。为什么呢？"不偏之为中，不易之谓庸"这两句话，是人人懂得的。一条线上，自然只有一点是中点。人生在世，总要求得一个自处之道，而这自处之道，是贵乎"中"的。为什么呢？"中"就是"一"，"一"就是"无"，惟其"无"，才能无所不有。倘使偏在一方面，得了这边的利益，就失了那边的利益了。但是这个"中"，仍是时时变动，没有定形的。譬如一条线，它的长短，倘使这条线，是时时变动的；忽而这端伸张，忽而那端缩短；是终古不变的。那就这条线上的中点，也终古不变。那就这条线上的所谓中点，也要时时变动了。一个人在世界上，好比一点在一条线上。因为世界是动而不已，没一息停止的，所以咱们自处之道，也是息息变换，没一息可以固定的，所以执中正是无中可得，执一正是无一可执。所以"一"，就是"中"，"中"就是"无"，只此才是常道，才是"不易之庸"。所以执中又恶无权，因为无权的中，就是线的长短已经变动了，而所谓中点还不曾变动。

在先要有人问我们，什么是"天经地义""万古不变"的道理？恐怕大家都要答不上来？现在明白古代哲学，就可以答覆他啦。什么道理万古不变，独有"宇宙物质无一时一刻不变动的"这个道理，是"天经地义""万古不变"的，其余都要变的了（所以易兼"变易""不易"二义）！大概宇宙间的现象，无一时一刻而不变，这个道理，是很容易见得的。比方我现在是三十七岁，再活上几十年，当然是要死的。就是这讲台、火炉等等，虽然寿命比我长些，也终究得变坏消灭的，但是人死，并不是死的那一天，突然死的。老实说，现在我身上的细胞，无一时一刻，甚至于一秒钟，不在新陈代谢，不过这种变动，不是肉眼所能见罢了。然则天下更有哪一件事，是天经地义，万古不变的呢？"宇宙的现象，是常动不息；咱们所以自处之道，也贵乎变动不居。"这个道理是不错的。后世的哲学，也许讲得比古人精密些。列国的哲学，也有讲得比中国彻底的地方（印度哲学，就讲得比中国精，所以佛教一入中国，举国上下十分欢迎，欧洲现代的哲学，依我看来，也还不及印度。但在有实验的一点，却比中国和印度都胜）。但是这一层道理，却是古今中外讲哲学的人所同认。所以天下事最忌是固执。中国现在一班守旧的人，固执着已不能行的事情，定要保守，一班浅躁的人，又固执了一两件外国的事情，和自己脑子里想出来的主意，硬要推行，不肯仔细思想，这是最大的坏处。其实古人是最善变的，中国这一个国家民族，所以能植立在世界上几千年，步步的发荣滋长，很有许多地方，是得善变的好处。这都是古代的哲学思想，能普及于全民族，因而影响其行为上的良果。这一层道理太长，现在不及详论了，但是我要说一句："这种善变的精神，似乎后世不如古代。"所以中国到了近世，内部并无甚进步，对外则屡次吃人家的亏。这便是我觉得后世的精神文明，不及古人之处。所以今天德育部里，叫我来讲演道德，我却要讲起古代的哲学来。

　　虽然如此，古代的哲学，也不是只有好处，并无坏处的。即如中国的专制政治，也是由古代哲学造成的；古人信万物一本说，所以认君主专制，为当然的治法。《公羊》何《注》说："故春秋以元之气，正天之端；以天之端，正王之政；以王之政，正诸侯之即位；以诸侯之即位，正竟内之治。诸侯不上奉王之政，则不得即位，故先言正月而后言即位。政不由王出，则不得为政，故先言

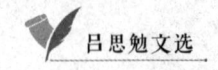

天而后言正月也。王者不承天以制号令则无法，故先言春而后言王。天不深正其元，则不能成其化，故先言元而后言春。五者同日并见，相须成体；乃天人之大本，万物之所系；不可不喜也。"这正和董子所谓："春秋深探其本，而反自贵者始。故为人君者，正心以正朝廷，正朝廷以正百官，正百官以正万民，正万民以正四方。"一鼻孔出气，都替君主专制政体，立了一个极深的根据。但照古人说来，就是"王"也要法"天"，"上"也是统于"元"的。所以一方面，虽然看得天下之本，系于人君一人。又一方面，还有"见群龙之首"之义。后人却只取得一方面，也不能全怪古人。

还有其余一切制度，如宗法等等，也都和古代的哲学有甚深的关系，一时也说不尽了。总而言之，人的行动，是不能没有所以然之故的。他这所以然之故，便是他的哲学。一个人如此，一个民族，也是如此。考求中国人的道德观念，和哲学思想的关系，便可以见得道德和哲学的关系。天下的事情，最贵的是应时变化（就是变化到和环境适合），诸君既然略知道中国人的道德观念，其来源如此之远；而又略知道古代的哲学思想，就应该深切研究，把它们拣别一番，哪样合于近代思想，有利益的，把它挑出来，设法发挥；哪一样不合于近代思想，有弊害的，设法铲除，则今人不及古人的地方，可以回复而且可以超过古人了。

## 古代人性论十家五派

古代思想家论人性，说颇纷纭。王仲任著《论衡·本性篇》，曾有评论，大体可分为以下十家：

（一）世硕等　《本性篇》："周人世硕，以为人性有善有恶，举人之善性，养而致之，则善长；性恶，养而致之，则恶长。如此，则性各有阴阳善恶，在所养焉。故世子作《养书》一篇。密子贱、漆雕开、公孙尼子之徒，亦论性情，与世子相出入，皆言性有善有恶。"

（二）孟子　孟子主性善，其书今存。仲任评之曰："……若孟子之言，人幼小之时，无有不善也。……纣之恶，在孩子之时，食我之乱，见始生之声，孩子始生，未与物接，谁令悖者。……唐虞之时，可比屋而封，所与接者，必多善矣。……然而丹朱傲，商均虐。……且孟子相人以眸子。……心清而眸子瞭，心浊而眸子眊。人生目辄眊瞭。……非幼小之时瞭，长大与人接，乃更眊也。……孟子之言情性，未为实也。……"

（三）告子　告子之说，今见孟子书。仲任评之曰："……无分于善恶，可推移者，谓中人也。……故孔子曰：中人以上，可以语上也；中人以下，不可以语上也。告子之以决水喻者，徒谓中人，不指极善极恶也。孔子曰：性相近也，习相远也。夫中人之性，在所习焉。习善而为善，习恶而为恶也。至于极善极恶，非复在习。故孔子曰：惟上智与下愚不移。性有善不善，圣化贤教，不能复移易也。孔子道德之祖，诸子之中最卓者也，而曰上智下愚不移，故知告子之言，未得实也。……"

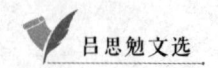

（四）孙卿　　孙卿主性恶，书亦今存。仲任驳之曰："……若孙卿之言，人幼小无有善也，稷为儿，以种树为戏，孔子能行，以俎豆为弄。……禀善气，长大就成。……孙卿之言，未为得实。……刘子政非之曰：如此，则天无气也，阴阳善恶不相当，则人之为善安从生。"

　　（五）陆贾　　《本性篇》："陆贾曰：天地生人也，以礼义之性，人能察己所以受命则顺，顺之谓道。……性善者不待察而自善，性恶者，虽能察之，犹背礼畔义。……故贪者能言廉，乱者能言治，盗跖非人之窃也，庄蹻刺人之滥也，明能察己，口能论贤，性恶不为，何益于善，陆贾之言，未能得实。"

　　（六）董仲舒　　董子论性，见《繁露·深察名号》及《实性》两篇。《深察名号篇》曰："……性之名非生与，如其生之自然之资谓之性，性者，质也。诘性之质于善之名，能中之与，既不能中矣，而尚谓之质善，何哉？……栣众恶于内，弗使得发于外者，心也。……天两有阴阳之施，身亦两有贪仁之性。……阴之行不得干春夏，而月之魄常厌于日光，乍全乍伤，天之禁阴如此，安得不损其欲而辍其情以应天，天所禁而身禁之。……禁天所禁，非禁天也。必知天性不乘于教，终不能栣，察实以为名，无教之时，性何据若是（案此言深有理致，原人之状态，实非吾曹所知也）。故性比于禾，善比于米，米出禾中，而禾未可全为米也。善出性中，而性未可全为善也。善与米，人之所继天而成于外，非在天所为之内也。天之所为，有所至而止，止之内谓之天性，止之外谓之人事（《实性篇》：'止之内谓之天，止之外谓之王教。'）……性有似目，目卧幽而瞑，待觉而后见，当其未觉时，可谓有见质，而不可谓见。今万民之性，有其质而未觉，譬如瞑者待觉，教之然后善，当其未觉，可谓有质，而不可谓善（《实性篇》：'以茧为丝，以米为饭，以性为善，此皆圣人所继天而进也，非性情质朴之所能至也。'又曰：'善，教训之所然也，非质朴之所能至也。'

又曰：'性者，天质之朴也；善者，王教之化也。无其质，则王教不能化；无其王教，则质朴不能善。'所谓质朴，意与质同。荀子谓性者本始材朴，老子谓朴散而谓器，即今俗语所谓胚也）……性如瞑之未觉，天所为也。效天所为，为之起号，故谓之民，民之为言，固犹瞑也。……天地之所生，谓之性情，性情相与为一，瞑情亦性也，谓性已善，奈其情何？……身之有性情也，若天之有阴阳也。言人之质而无其情，犹言天之阳而无其阴也。……名性不以上，不以下，以其中民之。……天生民性，有善质而未能善，于是为之立王以善之，此天意也。民受未能善之性于天，而退受成性之教于王，王承天意，以成民之性为任者也。……春秋之辞，内事之待外者，从外言之，今万民之性，待外教然后能善，善当与教，不当与性，与性……非春秋为辞之术也。……或曰：性有善端，心有善质，尚安非善。应之曰：……茧有丝而茧非丝也，卵有雏而卵非雏也。……或曰：性也善。或曰：性未善，则所谓善者，各异意也，性有善端。……善于禽兽则谓之善，此孟子之言，循三纲五纪，通八端之理，忠信而博爱，敦厚而好礼，乃可谓善，此圣人之善也。……夫善于禽兽之未得为善也，犹知于草木而不得名知。……圣人之所命，天下以为正。……孟子下质于禽兽之所为，故曰性已善，吾上质于圣人之所善，故谓性未善。……"《实性篇》大略相同，而曰："善，教训之所然也，非质朴之所能至也，故不谓性，性者……无所待而起，生而所自有也。"意尤显豁。仲任评之曰："董仲舒……曰：天之大经，一阴一阳，人之大经，一情一性，性生于阳，情生于阴，阴气鄙，阳气仁，曰性善者，是见其阳也；谓恶者，是见其阴者也。若仲舒之言，谓孟子见其阳，孙卿见其阴也，处二家各有见可也，不处人情性……情性同生于阴阳，其生于阴阳，有渥有泊，玉生于石，有纯有驳。……"

（七）刘向 《本性篇》："刘子政曰：性生而然者也，在于身而不发，情接于物而然者也。出形于外，形外则谓之阳，不发者则谓之阴。"仲任评之曰："子政之言……不据本所生起，苟以形出与不发见定阴阳也，必以形出为阳，性亦与物接，造次必于是，颠沛必于是，恻隐不忍，不忍，仁之气也；卑谦辞让，性之发也，有与接会，故恻隐卑谦，形出于外，谓性在内，不与物接，恐非其实。不论性之善恶，徒议外内阴阳，理难以知。且从子政之言，以性为阴，情为阳，夫人禀情，竟有善恶否也。"案：刘向之说，又见荀悦《申鉴》。《申鉴·杂言下》述向之说曰："性情相应，性不独善，情不独恶。"而其答或人之难曰："好恶者，性之取舍也，实见于外，故谓之情尔，必本乎性矣。"悦论性主向，其释性情，亦当祖述向说，则向所谓性情者，原是一物，从两面言之。仲任之难，似失向意也。

（八）扬雄　扬子论性之说，见《法言·修身篇》曰："人之性也，善恶混，修其善则为善人，修其恶则为恶人。气也者，所以适善恶之马也欤？"

（九）王充　《本性篇》："自孟子以下至刘子政，……论情性竟无定是。惟世硕、公孙尼子之徒，颇得其正。……实者，人性有善有恶，犹人才有高有下也。高不可下，下不可高，谓性无善恶，是谓人才无高下也。禀性受命，同一实也。命有贵贱，性有善恶，谓性无善恶，是谓人命无贵贱也。九州田土之性，善恶不均，故有黄赤黑之别，上中下之差；水潦不同，故有清浊之流，东西南北之趋。人禀天地之性，怀五常之气，或仁或义，性术乖也；动作趋翔，或重或轻，性识诡也；面色或白或黑，身形或长或短，至老极死，不可变易，天性然也。余固以孟轲言人性善者，中人以上者也；孙卿言人性恶者，中人以下者也；扬雄言人性善恶混者，中人也。若反经合道，则可以为教，尽性之理，则未也。"

（十）荀悦　荀悦论性之语，见《申鉴·杂言下》篇："或问性命，曰：生之谓性也，形神是也，所以立生终生者之谓命也，吉凶是也。""或问天命人事，曰：有三品焉，上下不移，其中，则人事存焉尔。……孟子称性善；荀卿称性恶；公孙子曰，性无善恶；扬雄曰，人之性，善恶混；刘向曰，性情相应，性不独善，情不独恶。曰：问其理。曰：性善则无四凶，性恶则无三仁。人无善恶，文王之教一也，则无周公、管、蔡，性善情恶，是桀、纣无性，而尧、舜无情也。性善恶皆浑，是上智怀恶，而下愚挟善也，理也未究矣，惟向言为然。或曰：仁义性也，好恶情也，仁义常善，而好恶或有恶，故有情恶也。曰：不然，好恶者，性之取舍，实见于外，故谓之情尔，必本乎性矣。仁义者，善之诚者也，何嫌其常善；好恶者，善恶未有所分也，何怪其有恶。凡言神者，莫近于气，有气斯有形，有神斯有好恶喜怒之情矣。故人有情，由气之有形也。气有白黑，神有善恶，形与白黑偕，情与善恶偕。故气黑非形之咎，情恶非情之罪也。或曰：人之于利，见而好之，能以仁义为节者，是性割其情也。性少情多，性不能割其情，则情独行为恶矣。曰：不然，是善恶有多少也，非情也。有人于此，嗜酒嗜肉，肉胜则食焉，酒胜则饮焉，此二者相与争，胜者行矣，非情欲得酒，性欲得肉也。有人于此，好利好义，义胜则义取焉，利胜则利取焉，此二者相与争，胜者行矣，非情欲得利，性欲得义也。……或曰：请折于经。曰：《易》称乾道变化，各正性命，是言万物各有性也。观其所感，而天地万物之情可见矣，是言情者，应感而动者也。昆虫草木，皆有性焉，不尽善也；天地圣人，皆称情焉，不主恶也。又曰：爻象以情言亦如之。凡情意心志者，皆性动之别名也。情见乎辞，是称情也；言不尽意，是称意也；中心好之，是称心也；以制其志，是称志也，惟所宜名称其名而已，情何主恶之有。故曰：必也正名。或曰：善恶皆性也，则法教何施。曰：性虽善，待教而成；性虽恶，待法而消。唯上智下愚不移，其次善恶交争，于是教扶其善，法抑其恶……或曰：法教得则治，法教失则乱，若无得无失，纵民之情，则治乱其中乎？曰：凡阳性升，阴性降，升难而降易。善，阳也；恶，阴也。故善难而恶易。

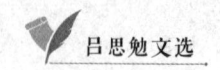

纵民之情，使自由之，则降于下者多矣。曰：中焉在？曰：法教不纯，有得有失，则治乱其中矣。纯德无慝，其上善也；伏而不动，其次也；动而不行，行而不远，远而能复，又其次也；其下者，远而不近也。凡此皆人性也，制之者则心也。……"

以上十家，可分下列五派：

（一）无善无不善说　告子主之。孟子载告子之言曰："生之谓性。"又曰："性无善无不善也。"又曰："性犹湍水也，决诸东方则东流，决诸西方则西流，人性之无分于善不善也，犹水之无分于东西也。"凡事皆因缘际会所成，离开一切因缘，即无是物，又何从评论，人性因行为而见，行为必有外缘，除去外缘，行为便毁，性又何从而见。然因行为而论性，则业已加入外缘。故舍行为而论性，只在理论上可以假设，在实际上，人不能感觉是境。夫性犹水也，行为犹流也，决则行为之外缘也，东西则善恶也。水之流，不能无方向；人之行，不能无善恶。然既有方向，则必已加入一决之原因；既有善恶，则必已有外缘。问无决之原因时，水之流向如何？全无外缘之时，人之行为善恶如何？固无以为答也。必欲答之，只可曰：是时之水，有流性而无方向之可言；是时之性，有行为之可能，而无善恶之可言而已矣。佛家所谓无明生行也，更增一词，即成赘语，告子之说，极稳实也。孟子驳之曰："水信无分于东西，无分于上下乎？人性之善也，就水之就下也，人无有不善，永无有不下。今夫水，搏而跃之，可使过颡；激而行之，可使在山，是岂水之性哉？其势则然也。人之可使为不善，其性亦犹是也。"误矣。水之过颡在山，固由搏激而然，然不搏不激之时，亦自有其所处之地势，此亦告子之所谓决也。禹疏九河，瀹、济、漯而注之海，决汝、汉，排淮、泗而注之江，固决也。亚洲中央之帕米尔高原，地势独高于四方，对于四面之水，亦具决之作用也。月球吸引，能使水上升；地球吸引，能使水下降，皆告子之所谓决也。设想既无地球，亦无月球，而独存今日地面之水，试问此水，将就何方，孟子能言之乎？故孟子之难，不中理也。

（二）性有善有恶说　世子等主之，董子谓天两有阴阳之施，人亦两有贪仁之性，盖即是说。孟子载公都子述或人之言，谓："性可以为善，可以为不善。"盖亦是说。其谓"文、武兴，则民好善；幽、厉兴，则民好恶"即世子养其善性，则善长；养其恶性，则恶长之说也。扬子善恶混之说，实祖述之。此说必得董子之言，乃为完备。盖善恶乃因其所施之事而见，或为比较上程度问题，实非性质问题。谓善恶有性质之异，而人性之中，含是绝不相同之二物，于理固不可通也。董子说性之善恶，本诸阴阳，而其论阴阳也，则谓为一物而二面，譬诸上下、左右、前后、表里。则举此固不能无彼，而二元对立之弊免，抑偏主性善性恶之说，亦不待攻而自破矣。夫一物而有两面，谓为有此面而无彼面固不可，谓为有彼面而无此面亦不可。彼此相消而适等于无，则仍是无善无不善耳。故董子之说，与告子不相背也（故董子亦曰：如其生之自然之资谓之性）。盖告子之说，就本体界立言，董子之说，则就现象界立言也。夫就本体方面言之，性之善恶，实无可说，告子之言，最为如实矣。就现象界言之，则（1）有善，（2）有恶，（3）人皆有求善去恶之心，实为无对不争之事实。夫既有善，又有恶，又有求善去恶之心，则人之性，果善邪？果不善邪？就其有求善去恶之心而言之，而谓之善，则孟子之说是也。就其恶必待去，善必待求，不能本来无恶言之，而谓之恶，则荀子之说是也。谓善恶为绝对不同之物，人之性中，或则含善之原素，或则含恶之原素（有性善、有性不善说），此为极幼稚之论，谓一人之性，兼含善恶两原素，其幼稚亦与此同。谓善恶实一物而两面，则人性虽兼有善恶，乃吾人就人性而被以二名，而非一人之身，含有善恶不同之两性。矛盾之讥，可以免矣。然此说亦有难于自解者，盖既曰人性有善有恶，而其所谓善恶者，又系一物而两面，则有善有恶，即系无善无恶；既曰无善无恶，何以人人皆有去恶求善之心邪？董子则曰：人之去

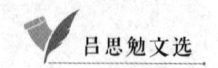

恶求善之心，与其有善有恶之性，同出于天然而无可说者也。若欲说入实体界，则将成告子之言；若就现象界立言，则但能云人性有善有恶，又皆有去恶求善之心，同为现象界之事实；吾人只能就此事实，加以描写，不能为之说明也。于是董子描写人性之有善有恶曰：天两有阴阳之施，身亦两有贪仁之性；描写人之有求善去恶之心，则曰：天道禁阴，人之道损欲辍情。损欲辍情，亦为生来固有之性，非由外铄。故曰：禁天所禁，非禁天也（即谓禁性所禁，非禁性也。世每有以为恶为率性者，观此可以憬然悟矣，盖不能无恶，因人之性，欲去恶就善，亦人之性也）。夫谓天两有阴阳之施，人亦两有阴阳之性，此以一心而开真如生灭两门也。谓人生来有去恶就善之性质，此则真如之所以能重习无明也。告子曰：性犹杞柳也，义犹杯棬也，以人性为仁义，犹以杞柳为杯棬。孟子曰：子能顺杞柳之性，而以为杯棬乎？将戕贼杞柳，而后以为杯棬也。如将戕贼杞柳而以为杯棬，则亦将戕贼人以为仁义与？率天下之人而祸仁义者，必子之言夫。斯难也，以去恶务善，亦出于人之本性之义告之，则难解矣（杞柳杯棬之喻，不如董子茧丝卵雏之善，故来孟子之难也）。

（三）性善说　孟子主之。孟子之所谓性善，与荀子之所谓性恶，与性无善无不善说，及性有善有不善说，实不相背，前已言之。孟子曰：乃若其情，则可以谓善矣，乃所谓善也。若夫为不善，非才之罪也。恻隐之心，人皆有之；羞恶之心，人皆有之；恭敬之心，人皆有之；是非之心，人皆有之。恻隐之心，仁也；羞恶之心，义也；恭敬之心，礼也；是非之心，智也。仁义礼智，非由外铄我也，我固有之也，弗思耳矣。故曰：求则得之，舍则失之。或相倍蓰而无算者，不能尽其才者也。孟子之所谓才，即董子之所谓质朴，荀子之所谓材朴，此即告子之所谓性，本无善恶可言，而孟子称为善者，以其情可以为善也。孟子之所谓情，就四端言之，即董子所谓损欲辍情，人生来所有去恶就善之性也。求则得之，舍则失之,则董子待教而后善之说也。就其知求善则谓之善,此孟子之说;就其必待求而后善,而谓其本非善,则荀之说也。陆贾谓天生人以礼义之性,即四端固有之说,谓人能察己所以受命则顺,即求则得之之说,与孟子合。"察"该行为言,仲仁之难,不中理也。

(四)性恶说　荀子主之。观前文可明,不更赘说。

(五)有性善有性不善说　《孟子》:"公都子曰:……或曰:有性善,有性不善。是故以尧为君而有象,以瞽瞍为父而有舜,以纣为兄之子,且以为君,而有微子启、王子比干。"王仲仁系主此说者。仲任之见解为唯物的,其视精神现象,皆原于生理,故谓性之善恶,犹才有高下,命有贵贱(仲任所谓命,乃就我可以得富贵、贫贱、寿夭之资格而言之,与世俗所谓命者异)。其视先天的原因,重于后天的原因,故谓高不可下,下不可高。譬诸面色白黑,身形长短之至老极死,不可变易。荀悦之论,亦属此派。此派就常识言之,亦可通;就哲学上论,则不可通,以善恶并非异物,亦难定界限也。此派之意,盖尊重先天的势力者也。

# 西汉哲学思想

## 一、总论

吾国哲学可分为七时期：古代宗教与哲学混合不分，为一时期。东周以后，王官之学散为九流，一方面承袭古代之哲学思想，加以经验事实而得之哲理，遂成周秦诸子之学，是为第二期。两汉时代统一于儒术为第三期。第三期之学术，太偏于讲究制度，且与当时社会上种种迷信混合，于是推求原理之哲学起而矫之，是为魏晋时代之玄学，为第四期。玄学与佛学接触后，佛学大昌，是为第五期。佛学太偏于出世，而矫之之宋学兴，是为第六期。宋学太偏于主观，且太重智而轻情，及清代，又有攻驳之者。而自辽、金、元、清入主中原以来，国人屡受异族之压迫，对于秦汉以后之政治制度，社会组织根本怀疑，因此亦推求此是为第七期。自此以后遂与欧洲哲学接触矣。

周秦诸子之后，魏晋玄学之前，从大略言之，可称儒学独盛时代。然细别之，亦当分为三期：秦用商鞅之法，以取天下，始皇任李斯，李斯虽荀卿弟子，然荀卿明礼，具学本近于法；李斯趋时，益弃儒任法为治。燔诗书百家语，若有欲学，以吏为师，正法家之主张也。是为法家专行时代。汉初惩秦之失，易干涉为放任，斯时去战国未远，九流之学者，皆有其人，然自盖公教曹参以清静为治，孝惠高后之世，皆沿袭其政策，孝文好刑名家言，其治亦以清净为主，上有窦太后，下有史谈、汲黯等，皆尊黄老之学（陈平，史亦谓其修黄帝老子术）。是为诸学并行，黄老独盛时代。武帝立五经博士，为置弟子员，设科射策，劝以官禄，以文学为官者，超迁亦异等伦。利禄之路既开，举世之趋向乃渐出于一途矣，自此以后，遂成儒学独盛时代。

世谓武帝之崇儒，乃所以便专制，非也。儒家虽崇君权，而发挥民权之义亦甚切，至后世，此等说皆湮没不彰，而发挥君权之说乃独盛者，则以其学发达变化于专制政体之下故耳。无论何种学术，莫不因其所遭之环境而起变化，决无绵历千祀，仍保其故态者。设使武帝而崇他家之学，至于后世其主张君权亦必与儒家等，或且过之。况九流之学，主张民权之切至，又岂有过于儒家者邪？平心论之，九流之学，实未有主张君主专制者，必为便于专制计，与其提倡学术，不如提倡宗教之为得也。即欲傅合学说，法家之学亦远较儒家为便也。汉文立太子诏曰："朕其不德……天下人民未有惬志，今纵不能博求天下贤智有德之人，而嬗天下焉，而曰豫建太子，是重吾不德也。"盖宽饶谓五帝官天下，三王家天下，皆儒家义也，其便于专制之处安在？后世儒家之尊君抑臣，岂汉武所能逆睹哉？然则汉武之崇儒何也？曰：崇儒乃当时自然之趋势，特文景等皆未及行，至武帝乃行之耳。当战国之世，诸侯竞举，兵革不息，欲求安民必先统一，是则秦始皇行之矣。民新脱锋镝，死者未葬，伤者未起，为治之要首在休息，是则汉文景行之矣。夫既庶而富，既富而教，此非儒家之私言，乃为治者之公论也。故当时贾谊、董仲舒皆以兴礼乐教化为急。文景亦非谓此不当务也，谦让未遑云尔，武帝为多欲而侈大之人，则毅然行之矣。夫欲兴礼乐明教化，九流之中固惟儒家能之，则当此时安得不用儒家哉？此犹楚汉之际，运筹帷幄则由张良，驰说诸侯则用郦生矣。惟秦始皇帝则亦有意于此矣。始皇帝曰："吾前收天下书，不中用者尽去之，悉召文学、方术士甚众，欲以兴太平，方士欲练以求药。"所谓文学士则儒生也，兴太平则制礼乐明教化之谓也。夫始皇岂重儒之人哉，然欲兴礼乐明教化，则固不得不用也，故曰：儒学之行乃当时自然

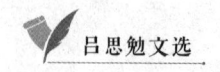

之趋势也。

汉代儒学者有今古文之别，此事与哲学亦颇有关系。今文之学书于汉初，其书即以当时通行之文字书之，其后乃有自谓得古书为据而訾汉初诸师之所传为误且不备者，此今古文之名所由立也。古文经之来源见于《汉书·艺文志》、《楚元王传》（刘歆）、《景十三王传》（鲁共王）、许慎《说文解字序》、《论衡》之案书、正说二篇（经典释文等后出，弥不足信，《史记》中涉古文经事皆后人伪窜，读近人崔氏适《史记探原》可见）。《艺文志》有《尚书古文经》四十六篇、《礼古经》五十六卷、《春秋古经》十二篇、《左氏传》三十卷、《论语》古二十一篇、《孝经》古孔氏一篇，《易》无古经，而志亦云以中古文《易经》校施、孟、梁、邱经者。秦人焚书《易》为卜筮之书，不去，志盖谓中秘自有此经也。《古文尚书》志云："出孔氏壁中……孔安国悉得其书以考二十九篇，得多十六篇。安国献之。遭巫蛊事，未列于学官。"《礼古经》志云："出于鲁淹中。及孔氏学七十篇。文相似。多三十九篇，及《明堂》、《阴阳》、《王史氏记》（七十当作十七）、《论语》、《孝经》志亦谓得见孔壁。"案：《景十三王传》仅言共王于孔壁中得古文经，《楚元王传》载刘歆移让太常博士谓："……共王……得古文于坏壁之中，《逸礼》有三十九（疑当作三十有九），《书》十六篇。"说与志合，则淹中孔壁非二事，歆不及《论语》《孝经》者，以仅欲立《逸礼》及《古文尚书》，故下文云："及《春秋左氏》邱明所修。"意不蒙上孔壁得书言，则歆亦不谓《春秋》得见自孔壁也。《艺文志》本韵《七略》，其说固宜与歆合。许序谓《春秋》得自孔壁，《左氏传》为张苍所献。《论衡》又谓孔壁所得系《左氏传》其说已龃龉不可通矣。然犹可曰此等传讹古人恒有不足校也。然即不论此，其说亦有不可通者。古书之出，以孔壁为大宗，据《史记·五宗世家》共王卒于武帝元光五年，孔子世家安国为今皇帝博士，迁临淮太守，早卒。《汉书·兒宽传》：宽诣博士受业，受业孔安国，补廷尉史，廷尉张汤荐之。《百官公卿表》：汤迁廷尉在元朔三年，安国为博士必在三年以前。使其年甫二十，至巫蛊祸作，亦已逾五十，此时尚在，安得云早卒耶。孔壁得书在汉代实为一大事，鲁共王实为发见之人，果有此事本传安得不详言之，今乃言之甚略，且上文已云共王好治宫室，下文正可接叙得书事。而初不之及，直至叙其后世，事毕乃补出数语，其为沾缀痕迹显然。《景十三王传》不足信，则此事见于《汉书》者，惟《艺文志》及《楚元王传》两处耳，移让太常博士固歆之言，即志亦本诸歆之《七略》者也，然则二者皆歆之言也，以如此大事而终前汉之世惟歆一人言之，他人曾不齿及，岂理也哉。《孔子世家》云："孔子葬鲁城北泗上，弟子及鲁人往从冢而家者百有余室，因命曰孔里，鲁世世相传，以岁时奉祀孔子冢，而诸儒亦讲礼、乡饮、大射于孔子冢，孔子冢大一顷，故所居堂，弟子内，后世因庙藏孔子衣冠琴车书，至于汉二百余年不绝。高皇帝过鲁以太牢祠焉，诸侯卿相至尝先谒，然后从政。"声灵赫濯如此，共王安敢遽坏其宫；若坏其宫，岂得刘歆外无一人提及哉。况项籍死，汉高祖攻鲁，至城下犹闻弦诵之声，则当楚汉之际，鲁未尝破坏，诸儒未尝失职也。藏书于壁度必因秦火而然，挟书之律除于惠帝四年，诸儒何不早出之，岂十余年事更无一人能忆耶。若谓藏书之事系一二人所为，则古代简策繁重，一二人之力岂能及此耶，然则孔壁得书殆子虚乌有之谈也。许氏谓《左氏传》献自张苍，《史记·张丞相列传》不言其事，殆因其好书无所不观而托之。又《河间献王传》谓献王所得皆古文先秦旧书："《周官》、《尚书》、《礼》、《礼记》、《孟子》、《老子》之属，皆经传、说，记七十子之徒所论。"此三语文义不相属，老子固非七十子之徒所论也，其不足据亦属显然。古文经可疑之处尚多，今始正于此，然其不足信亦已可见矣。

古文经之伪既，见则伪经之所由作可推，其与哲学之关系亦

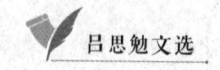

可盖汉代社会极不平等，富者田连阡陌，又专川泽之利，筦山林之饶；贫者无立锥之地，而营煮盐冶铁等大工商业者亦皆兼并贫民。汉代学者久欲救治之，然皆徒能言之，其实行之者则王莽也。夫以当时之社会而欲实行经济革命，夫非托之于古不可明矣。欲托之于古，而博士之所传势不能尽与吾之理想合。事事而与之争，势且不胜，则莫如一举而毁之；一举而毁之，则莫如訾其所传为误且不备，而以合于吾之理想者别造为伪书，此古文经之所由作也。职是故今古文之同异重要之点，全在政治制度。古文家言备于《周官》；今文家言要在《王制》，合此二书及许慎之《五经异义》观之，而今古文政见之异同可见，而于其哲学亦思过半矣。虽然《周官》为渎乱不验之书，其说与群经皆不合，即与诸子书亦多不合。以吾之所然为真，而谓举世之所传皆伪，势亦且不胜也，则不得不创六经皆先王旧典，莫备无过于周公之时，孔子特修其残缺。而犹不能备之说，于是六经皆周制之一端，其与《周官》不合，不足以难《周官》矣。今文家视六经皆以为孔子之制作，古文家则以为周之旧典，其说创于刘歆，见《汉书·艺文志》。其后逐步进化，而《周礼》为经礼，《仪礼》为曲礼，《春秋》且多周公之旧例矣。道统之思想成于宋儒，发挥于韩愈，其远源实道自刘歆也。又谶之为物亦与古文经同时竞起，张衡所谓"通人考核，伪起哀平"也。所以然者，欲篡汉则必托之符令，欲托之符令，则不得不取社会固有之迷信。造作豫言（谶）而杂以经说（纬）以成所谓谶纬者矣。纬说多同今文，即其造作时，古文经说尚未尽出之证也。西汉之世立君所以为民，天下非一人私有之义，时时见于诏令奏议，皆今文家说也。自谶纬起，则有天下者皆受之于冥冥不可之天，其享国之短长一决之于历数，而民视民听之义渐泯矣。

## 二、贾谊晁错

汉初诸儒之书传于今者有陆贾《新语》二卷，案《汉志》儒家陆贾二十七篇，贾传云，陆生时前说称诗书，高帝骂之，曰："乃公居马上而得之，安事诗书。"贾曰："居马上得之，宁可以马上治乎，且汤武逆取而以顺守之，文武并用，长久之术也。昔者吴王夫差、智伯极武而亡，秦任刑法不变，卒灭赵氏。向使秦以并天下，行仁义，法先圣，陛下安得而有之？"高帝不怿有惭色，乃谓陆生曰："试为我著秦所以失天下，吾所以得之者何，及古成败之国。"贾凡著十二篇，每奏一篇，高帝未尝不称善，左右呼万岁，称其书曰《新语》。案本传所谓十二篇，当即在志之二十七篇中。贾名有口辩，以客从高祖定天下，居左右，常使诸侯，尝两使南越。又为陈平尽吕氏，平用其计，与绛侯深相结，则亦纵横家之流。传载其对高帝之语，颇合儒谊。当天下已平之时，而称说诗书，论顺守之道，亦时务宜然，其书入之儒家固不足怪也。《隋志》有《新语》二卷，今本卷数与之合，篇数亦合贾本传。然《汉书》司九十三事皆与今本合，而是书之文悉不见于《史记》、《论衡·本性篇》引陆贾语，今本亦无（说本清《四库书目提要》案本传高帝命著秦所以失天下，吾所以得之者及古成败之国。而司马迁取之以作《史记》，则其书必多载史事，今本殊不然，亦其非真之一证也）。则其书殆不足信，惟马总《意林》李善《文选》注所引皆与今本相应，则其伪尚在南北朝以前耳，十二篇中惟首篇陈义稍深，余皆无可观。

　　陆贾之书既不足信，则《汉志》儒家之书传于今者当以贾谊《新书》为最早。案汉志儒家贾谊五十八篇，《隋书》及《旧唐书》志皆称《贾》子，《新唐书》始称贾谊。新书与今本名同，今本凡五十六篇（卢文弨校本，阙问孝礼容语上）颇与《汉志》复，故昔人疑谊书已亡，后人割裂《汉书》为之。然与《汉书》不复，诸篇皆非后人所能为，且《汉书》所载，亦非直录原文（首云：臣窃惟事执可为痛哭者一，可为流涕者二，可为长太息者六，而下文举可为长太息者仅三，全篇文义不贯之处甚多，细看自见。《赞》

曰:"凡所著述五十八篇,掇其切于世事者著于传云。"则班氏所著,实掇自谊书,今谊固未必旧本,然要不得谓后人反取自汉书也。李梦阳序云:士夫家传钞一切出吏手,吏苦其烦也,辄落其字句,久之,眩惑逾行窜其字句,复讹之,此今本舛缺之由,至于编次杂乱无首尾,则古书固多如此也)。不足疑也。

《汉书》本传云:贾谊洛阳人也,年十八,以能诵诗书属文,称于郡中,河南守吴公闻其秀材,召置门下,甚幸爱。文帝初立,闻河南守吴公治平为天下第一,故与李斯同邑,而尝学事焉,征以为廷尉。廷尉乃言谊年少颇通诸家之书,文帝召以为博士。是时谊年二十余,最为少。每诏令议下,诸老先生未能言,谊尽为之对,人人各如其意所出诸生,于是以为能。文帝说之,超迁,岁中至太中大夫。谊以为汉兴二十余年,天下和洽,当改正朔,易服色制度,定官名,兴礼乐,乃草具其仪法,色上黄,数用五,为官,名悉更奏之,文帝谦让未皇也。然诸法令所更定,及列侯就国,其说皆谊发之。于是天子议以谊任公卿之位,绛、灌、东阳侯、冯敬之属尽害之,乃毁谊……于是天子后亦疏之,不用其议。以谊为长沙王太傅。谊既以适去,意不自得,及渡湘水为赋,以吊屈原。……后岁余,文帝思谊,征之。至,入见,上方受釐坐宣室。上因感鬼神事,而问鬼神之本,谊具道所以然之故。至夜半,文帝前席。既罢,曰:"吾久不见贾生,自以为过之,今不及也。"乃拜谊为梁怀王太傅。……梁王以坠马死,谊自伤为傅无状,常哭泣。后岁余亦死。年三十三。案贾生之学,博适众家而最长于礼。礼、法固近,故最为曾事李斯之吴公所赏也。

《新书·服疑篇》极言贵贱之服不可齐同。《等齐篇》极言诸侯之制不宜与天子齐等。其说曰:"人之情,不异面目状貌同类。贵贱之别,非天根著于形容也。所以别贵贱尊卑者,等级、势力、衣服、号令也。"而訾当时之人主恃面形之异。形貌惟近习然后能识,则下恶能不疑其上。此礼家之精言,亦法家之要义也。盖后世专制政体，行之已久，君臣之义，深入于人人之心，除却革命，更无敢觊觎非分者，不待衣服……人为之识别而后尊，所虑者，在上者过于压制，下情无由上达，不在在下者之暗干非分，古代君臣之分，不如后世之悬殊，僭越篡弑，习为固然，苟有僭越篡弑之事，社会之秩序必乱，所虑者与后世不同，故礼家斤斤于等级之间也。《俗激篇》曰："夫立君臣，等上下，使父子有礼，六亲有纪，此非天之所为，人之所设也。夫人之所设，不为不立，不植则僵，不循则坏。"其视之急切如此。此自今古异宜，不得以今人之见妄议古人也。

此等思想，固与法家相近，然贾生极訾商君遗礼义，弃仁恩，并心于进取。又曰："夫礼者，禁于将然之前，而法者，禁于已然之后。……法之所用易见，而礼之所为生者难知。……礼云礼云者，贵绝恶于未盟，而起敬于微眇，使民日迁善远罪而不自知也。"此数语为礼家恒言，而贾生诵之。其论阶级，谓天子如堂，群臣如陛，众庶如地，其意乃欲（一）为主上豫远不敬。（二）礼貌群臣而励其节，冀化成俗定则，"为人臣者，……利不苟就，害不苟去"。以是为圣人之金城，其意亦与法家之专恃形驱势迫者异也（本书中傅职、保傅、佐礼、容经、官人、胎教、立后义八篇，皆纯粹礼家言）。《审微篇》曰："善不可谓小而无益，不善不可谓小而无伤，……轻始而傲微，则其流必至于大乱也。"亦绝恶未萌，禁于将善之意也。

《瑰玮篇》谓"黻文绣纂组害女红，……故以文绣衣民而民愈寒，以襦民民必暖，而有余布帛之饶矣。……故曰：苦民而民益乐也"。又谓制度定则，"淫侈不得生，知巧诈谋无为起，则民离罪远矣。……故曰：使愚而民愈不罹法纲"。此则殊类法家矣。

礼法相近，名法则几于同物矣。刑名法术皆原于道，故贾子之说与道家名家相近者极多。如《道术篇》谓"道者，所从接物也，……术也者，所从制物也"。释道术两字极明析。又曰：

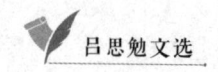

"明主者，南面而正，清虚而静，令名自宣（疑命之误），命物自定。"此则纯然道家名家言矣。《六术》、《道德说》两篇以道德性神明令为德之六理，而以道仁义忠信密六德以配之，亦古哲学之精诣，然谓"六理无不生也，已生而六理存乎所生之内，……内度成业，……谓之六法，……外遂六术，……谓之六行，……凡人弗能自至"，故有六艺之教，此则道德虽根诸天然，仍必以人为辅成，仍礼家之口吻也。然亦可见百家之学，本无不合矣（《鹏赋》之宇宙观及人生观，殊近庄、列）。

礼家之制节谨度，所以足财用也，法家亦同此意。《孽产子篇》曰："夫一人耕之，十人聚而食之，欲天下之无饥，胡可得也。百人作之，不能衣一人，欲天下之无寒，胡可得也。饥寒切于民之肌肤，欲其无为奸邪盗贼，不可得也。"此即《大学》"生之者众，食之者寡，为之者疾，用之者舒"之意，亦即《孟子》有恒产而后有恒心之说。贾子恒欲驱民归于本业，亦儒法二家之公言也。

《忧民篇》曰："五岁小康，十岁一凶，三十岁而大康，盖曰大数也。"案预测丰凶之说，见于《史记·货殖列传》，传此生计学家言，盖古农家言也（见前）。《大政》上下篇畅发民本之义，谓"……灾与福也，非粹在天也，必在士民也，……故夫民者，至贱而不可简也，至愚而不可欺也。故自古至于今，与民为仇者，有迟有速，而民必胜之"。此义儒家恒言之，法家亦恒言之。又欲以三表五饵制匈奴，则纵横家之言也。为汉草具仪法，色尚黄，数用五，则邹子五德终始之说。信乎，贾生之能通诸家之书也。

稍后于贾谊而学与之近者，有晁错。错颍川人，学申韩刑名于轵张恢生所（师古曰：轵县之儒生姓张名恢），与洛阳宋孟及刘带同师，以文学为太常掌故，为太子舍人门大夫（《汉书》云：孝文时天下亡治《尚书》者，独闻齐有伏生，故秦博士治《尚书》，年九十余，老不可征，乃请太常使人受之。太常遣错受《尚书》伏生所，还，因上书称说。诏以为太子舍人门大夫。案晁错受《书》伏生所，《书》之可信与否为一问题，即谓可信，而错之学术，与《尚书》亦了无关系），迁博士。上书言皇太子宜知术数，拜太子家令。举贤良对策高第。迁中大夫，以佑景帝，削七国，衣朝衣斩东市。案错之学术，洞中事情。史称错言宜削诸侯事及法令可更定者，书凡三十篇，惜俱不传。使其犹在，必不让贾生也。今其言之存于本传者，言兵事，论守备边塞，皆深通兵家言（文中屡引兵法，多同管子参患霸形等篇，可知为古兵家言也）。在《食货志》者，论重农贵粟，深得法家农家之意。其论皇太子宜知术数书谓："人主所以尊显功名，扬于万世之后者，以知术数也。故人主知所以临制臣下，而治其众，则群臣畏服矣。知所以听言受事，则不欺蔽矣。"尤名法之要义也。

### 三、淮南王书

淮南王安，厉王长子。长，高帝少子。母故赵王张敖善人。高帝八年，从东垣过赵，赵王献美人（厉王母），幸有身，及贯高等谋反事觉，并逮治王，尽捕王母兄弟美人系之河内。厉王母亦系，告吏曰：曰得幸，上有子，吏以闻。上方怒赵，未及理。厉王母弟赵兼，因辟阳侯言吕后，吕后妒，不肯白。辟阳侯不强争。厉王母已生厉王，恚即自杀。吏奉厉王诣上，上悔，令吕后母之。十一年立为淮南王，心怨辟阳侯，孝文三年，自袖铁椎椎杀辟阳侯。文帝赦之，后以骄恣不轨，徙蜀严道邛邮，不食死。八年封子安为阜陵侯，子勃为衡山王，赐为庐江王（良前薨无后）。勃景帝四年徙王济北，徙二年薨，而安及勃武帝时皆以谋反诛。

淮南之谋反，史以为武帝无太子有觊觎心，此非事实，王有女陵，慧有口辩，为中调长安，约结上左右。太子迁取皇太后外修成君女为妃，王畏其知而内泄事，与太子谋，令诈不爱，三月不同席。王阳怒太子，闭使与妃同内，终不近妃。妃求去，王乃上书谢，归之。史又言淮南、衡山初相责望，礼节间不相能，后乃除前

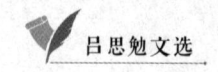

隙，约束反具。此亦伪饰以掩人耳目者。父子兄弟一心为反计，所与谋者，伍彼等亦非常人，且淮南反谋觉，王再欲发，太子皆止之，其为谋亦至审慎，断非天下无事时缴幸觊大位者也。史曰其群臣宾客江淮间多轻薄，以厉王迁死，感激安。盖汉时报仇之风气甚盛，安之处心积虑，实欲为父报仇汉朝耳。此以事迹及安为人推较而可知者也。史称安为人好书鼓琴，不喜弋猎狗马驰骋，亦欲以行阴德，拊循百姓，流名誉。又述安言，再自称行仁义，则安实一沈静好学躬行仁义之人，谓为处心积虑谋干大位，毋乃不类。从古真有学问，真好学问之人，无慕世俗之荣利，冒险轻躁以求之者。使淮南王而深谋深计，暗干天位，则此公例破矣，故不得不辩之也。

《汉志》杂家《淮南子·内篇》二十一篇，《外篇》三十三篇。《本传》："招致宾客方术之士数千人，作为《内书》二十一篇，《外书》甚众。又有《中篇》八卷，言神仙黄白之术，亦二十余万言。"今所传《淮南王书》凡二十一篇，其为《内篇》似无疑义。然高诱《序》谓"与苏飞、李尚、左吴、田由、雷被、毛被、伍被、晋昌等八人，及诸儒大山、小山之徒，共讲论道德，总统仁义，而著此书。其旨近《老子》淡泊无为，蹈虚守静，出入经道；言其大也，则焘天载地，说其细也，则论于无垠，及古今治乱存亡祸福，世间诡异瑰奇之事，其义也著，其文也富，物事之类，无所不载，然其大较归之于道，号曰鸿烈。鸿，大也；烈，明也，以为大明道之言也。故夫学者，不论《淮南》则不知大道之深也。是以先贤、通儒、述作之士，莫不援求以验经传。……刘向校定，撰具名之淮南。又有十九篇者，谓之《淮南外篇》"。述《外篇》篇数与《汉志》不合。《汉志》天文有《淮南杂子星》十九卷，卷数与诱所述《外篇》篇数却符。然合《汉志》外三十三篇不言顾以其所谓《杂子星》者当外篇，于理终有可疑。案《汉志》易家有淮南王《道训》二篇，《注》曰："淮南王聘明易者九人，号九师法。"今《淮南要略》为全书自序，其言曰："言道而不言事，则无以与世浮沉，言事而不言道，则无以与化游息。"又曰："今专言道则无不在焉，然而能得本知末者，其惟圣人也。今学者无圣人之才，而不为详说，则终身颠顿乎混溟之中，而不知觉寤乎昭明之术矣。"可见淮南此书，实以道与事对举。今《要略》两称著二十篇云云，盖以本篇为全书自叙，故不数之。若更去其首篇《原道训》，则所余者适十九篇矣。《高注》久非故物，《淮南子》、《隋书》及新、旧《唐志》皆作二十一卷，许慎、高诱两注并列。旧《唐志》又有《淮南鸿烈音》二卷，何诱撰《新唐志》亦题高诱，《宋志》仍云二十二卷，高注则云十三卷。晁公武《读书志》据《崇文总目》云亡三篇。李淑《邯郸图志》则云亡二篇，而洪迈《容斋随笔》称所存者二十一卷，与今本同。盖其书自宋以后有佚脱之本，而仍有完本。高似《孙学略》云二十篇者，以《要略》为淮南自序除去计之，四库亦以为非完本，非也。《音》二卷，实出何诱新《唐志》，并题高诱者误。今本篇数仍完，而注则许、高二家删合为一矣。此序词意错乱，必为后人窜改无疑。颇疑高序实以十九篇与《原道训》分论。"言其大也，则焘天载地，说其细也，则论于无垠"等，为论《原道训》之语。"及古今治乱存亡祸福，世间诡异奇瑰之事，其义也著，其文也富，物事之类，无所不载"等，为论其余十九篇之语，本无外篇之名，后人既混论两者之语而一之，乃忘臆"其余十九篇"不在本书之内，遂又加入"谓之外篇"四字也。《汉志》言安聘明易者九人，高叙所举大山、小山，或亦如《书》之大、小夏侯，《诗》之大、小毛公。一家之学，可作一人论，则合诸苏飞李尚等适得九人矣。得毋今书首篇之《原道训》，即《汉志》所谓《道训》者？《汉志》虽采此篇入易家，而于杂家仍未省。又或《汉志》本作二十篇，而为后人所改邪？书阙有间，更无坚证，诚未敢自信，然窃有冀焉者。九流之学，同本于古代之哲学，而古代之哲学，又本于古代之宗教，故其流虽异，其原则同，前已言之。儒家哲学盖备于《易》，《易》亦以古代哲学

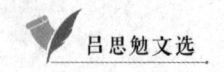

为本，其杂有术数之谈，固无足怪，然遂以此为《易》义则非也。今所谓汉易者，大抵术数之谈耳。西汉今文之学长于大义，东汉古文之学，则详于训诂名物，今施、孟、梁丘之易皆亡，今文家所传《易》之大义已不可见，《淮南王书》引易之处最多（见缪称、齐俗、汜论、人间、泰族诸篇），皆包举大义，无杂术数之谈者，得毋今文《易》义，转有存于此书中者邪？《淮南》虽号杂家，然道家言实最多，其意亦主于道，故有谓此书实可称道家言者。予则谓儒道二家，哲学之说本无大异同，自《易》之大义亡，而儒家之哲学不可得见。魏晋以后，神仙家又窃儒道二家公有之说，而自附于道，于是儒家哲学之说，与道家相类者，儒家遂不敢自有，悉举而归诸道家，稍一援引，即指为援儒入道矣。其实九流之学，流异源同，凡今所指为道家者，十九固儒家所有之义也。魏晋间人谈玄者，率以易老并称，即其一证，其时言易者皆弃数而言理，果使汉人言易悉皆数术之谈，当时之人，岂易创通其理，与老相比，其时今文《易》说未亡（施孟、梁丘之易皆亡于东西晋间），其理固与《老子》相通也。河洛图书之存于道家，亦其一证。宋人好以图书言《易》，清儒极攻之，然所能言者，图书在儒家无授受之迹耳。如何与《易》说不合，不能言也（方东澍说。方氏攻汉学多过当误会之语，然此说则平情也）。西谚云："算账只怕数目字。"《图》《书》皆言数之物，果其与《易》无涉，何以能推之而皆合，且又可以之演范乎？然则此物亦儒家所固有，而后为神仙家所窃者耳。明乎此，则知古代儒道两家之哲学，存于神仙家（即后世之所谓道家）书中者必甚多。果能就后世所谓道家之书广为搜罗，精加别择，或能辑出今文《易》说，使千载湮沉之学，涣然复明，而古代哲学亦因之而益彰者也。臆见所及，辄引其端，愿承学之士共详之。

此书亦如《吕览》，合众书之说而成。其中《天文》、《地形》两篇，盖与邹衍一派之说有关。《主术》、《汜论》二篇，为法家言。《兵略》为兵家言，余皆儒道二家之说也。苞蕴宏富，词繁不杀，先秦遗说，存于此书者甚多。汉代诸子中第一可宝之书也。

## 四、董仲舒

汉代发挥儒学大义者，莫如董仲舒。仲舒广川人，少治《春秋》。孝景时为博士。武帝即位，以贤良对策为江都易王相。仲舒治国以《春秋》灾异之变，推阴阳所以错行。故求雨闭诸阳纵诸阴，其止雨反是而行之。一国未尝不得所欲，中废为中大夫。先是辽高庙长陵高园殿灾，仲舒居家推说其意，草藁未上，主父偃窃其书而奏焉，上召视诸儒，仲舒弟子吕步舒不知其师书，以为大愚，于是，下仲舒吏当死，诏赦之，仲舒不敢复言灾异。相胶西病免。凡相两国，辄事骄王，正身率下，数上疏谏争，教令国中所居而治，及去位归居，终不问家产业，以修学著书为事，年老以寿终于家。

《汉书》云："仲舒所著，皆明经术之意，及上疏条教，凡百二十三篇，而说《春秋》事得失，《闻举》、《蕃露》、《清明》、《竹林》之属，复数十篇，十余万言，皆传于后世，掇其切当世施朝廷者著于篇。"今存本传所载《贤良策》三篇，《对胶西王问》（《对胶西王问》，《繁露》亦载之）及《春秋繁露》一书。据颜注，《玉杯》、《繁露》、《竹林》皆其所著书名，今以《繁露》为总名，《玉杯》、《竹林》为篇名，未解何故。此书亦掇拾丛识，已非仲舒所著书之全豹，然其中畅发《春秋》之义者甚多，居今日犹可窥见《春秋》之义，以考儒家哲学之条贯者，独赖此书之存，而何君之解诂，尚其次焉者也。

仲舒之学，一言蔽之曰，天人合一而已（其对策，开口即言"臣谨案《春秋》之中视万世已行之事，以观天人相与之际，甚可畏也"）。然所谓天人合一，此乃《春秋》之义，非仲舒所自创也。古代哲学思想，以阴阳二力为万物之原，而推本阴阳所由来，

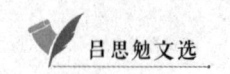

则又假设一不可知之太极，前已言之。儒家之思想，则亦若是而已矣。儒家之哲学思想，言原理者，盖在于《易》，其引而致之于人事者，则《春秋》是也。《易》之大义，今日已无具体之书可考，《春秋》之大义，则见于《繁露》者最多也。

构成世界之原动力，春秋命之曰元，所谓"……《春秋》变一谓之元。元犹原也。其义以随天地终始也。……元者为万物之本，……存乎天地之前"也。此种动力为宇宙之所由成，亦即万事万物所必循之原则，人人皆当遵守之，故曰"惟圣人能属万物于一而系之元也，终不及本所从来而承之，不能成其功"也。故曰："以元之深，正天之端，以天之端，正王之政，以王之政，正诸侯之位。"若具万事万物一切遵守此最初之原理而弗渝，则天下可以大治。故曰："为人君者，正心以正朝廷，正朝廷以正百官，正百官以正万民，正万民以正四方。四方正，远近莫敢不一于正，而亡有邪气奸其间者，是以阴阳调而风雨时，群生和而万民殖，五谷熟而草木茂，天地之间被润泽而太丰美，四海之内，闻盛德而皆徕臣，诸福之物，可致之祥，莫不毕至，而王道终矣。"

元存乎天地之前，非人所能致，人之所能知者，则天地而已。因天地之运行有常，而知其受支配于元（即假名支配天地，令不失常之力曰元）。则遵循天地之道，即遵循元之道，所谓正本之义也。故曰："道之大原出于天，天不变，道亦不变。"天地受支配乎元，即天地之运行，无时不循元之原理。人而常遵守天道，亦即遵守元之原理也。元之义既随天地终始，则遵守元之道者，固无往而不合理也。故曰："道者，万世亡弊。弊者，道之失也。"

元为浑然之一境，只可从推论之余，假立此名，固非认识之所及。认识之所及，则阴阳而已。《繁露》之论阴阳，其根据有在于天象者。《阴阳出入篇》曰："……初薄大冬，阴阳各从一方来，而移于后，阴由东方来西，阳由西方来东，至于中冬三月，相遇北方，合而为一，谓之日至。别而相去，阴适右，阳适左。适左者，其道顺,适右者,其道逆,逆气左上,顺气右下,故下暖而上寒,以此见天之冬右阴而左阳也。……冬月尽而阴阳俱南还,阳南还出于寅,阴南还入于戌,此阴阳所始出地入地之见处也。至于仲春之月,阳在正东,阴在正西,谓之春分。春分者,阴阳相半也。故昼夜均而寒暑平。阴日损而随阳,阳日益而鸿,故为暖熟,初得大夏之月,相遇南方,合而为一,谓之日至。别而相去,阳适右,阴适左,适左由下,适右由上,上暑而下寒,以此见天之夏右阳而左阴也。……夏月尽而阴阳俱北还,阳北还而入于申,阴北还而出于辰,此阴阳之所始出地入地之见处也。至于中秋之月,阳在正西,阴在正东,谓之秋分。秋分者,阴阳相半也,故昼夜均而寒暑平。阳日损而随阴,阴日益而鸿,故至于季秋而始霜,至于孟冬而始寒,小雪而物咸成,大寒而物毕藏,天地之功终矣。"《阳尊阴卑篇》曰:"阳行于顺,阴行于逆,逆行而顺,顺行而逆者,阴也。是故天以阴为权,以阳为经。阳出而南,阴出而北。经用于盛,权用于末。……故阴夏入居下不得任岁事,冬出居上置之空处也。养长之时伏于下,远去之弗使得为阳也,无事之时起之空处,使之备……是故……为政而任刑,谓之逆天,非王道也。"

《循天之道》篇曰:"北方之中用合阴而物始动于下,南方之中用合阳而养始美于上。其动于下者不得东方之和不能生,中春是也;其养于上者,不得西方之和不能成,中秋是也。……中者,天下之所终始也,……和者,天地之所生成也。……和者,天之正也,阴阳之平也,其气最良……中者,天下之太极也,日月之所至而却也。长短之隆,不得过中,天地之制也。"此言大可为《中庸》"致中和,天地位焉,万物育焉"注脚。

《基义篇》曰:"凡物必有合,合必有上,必有下,必有左,必有右,必有前,必有后,必有表,必有里,有美必有恶,有顺必有逆,有喜必有怒,有寒必有暑,有昼必有夜,此皆其合也。阴者阳之合,妻者夫之合,子者父之合,臣者君之合。……阴道无

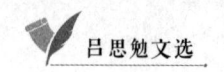

所独行，其始也，不得专起，其终也，不得分功。……"阴阳之说，非儒家所创，乃古代哲学上固有之说也。其最初之思想，盖以男为阳，女为阴，因而推之，则天为阳，地为阴，日为阳，月为阴。……驯致一切反对之现象，为人所认识者，皆以阴阳分之，如《基义篇》所述。此时阴阳之思想，其基本盖在生物之男女性。男女构精，万物化生，然生育之责，则由女子独任之，因此推想，则以为天地之生万物亦如此。于是有阴道无所独行，其始也不得专起，其终也不得分功之说。野蛮时代男权独张，而天上地下又若天尊而地卑也，于是有阳尊阴卑之义。始本因男权之盛，而推想天尊地卑，继乃即本天尊地卑之义，而推之于人事，《顺命篇》云"天子受命于天……诸所受命者，其尊皆天也，虽谓受命于天亦可"是也。智识渐进，乃本历象以言阴阳，则有如《阴阳出入》、《循天之道》二篇所说，阳燠而阴寒，人莫不好燠而恶寒，遂有阳为德，阴为刑之说。驯致以"善之属尽为阳，恶之属尽为阴矣"。重男轻女，尊君抑臣，不徒非今日社会所宜，亦本非究极之理。儒家之说，亦随顺当时之社会而已，至于任德不任刑，及尚中和二说，则仍为哲学上卓绝之谊。

《繁露》之说阴阳如此，其说五行，见《五行对》。五行之义，五行相生治水，五行求雨止雨诸篇，乃汉儒通常之论，不再赘述。春秋之以元统天，及其阴阳五行之义，亦当时哲学上普通之说，其所难者，则在将一切人事，根据于一种最高之原理，一一判明其当如何措置，且明示据乱为治，逐渐进步，以至于太平世之理。其中条理完密，包括宏富，所谓万物之聚散皆在春秋。而儒家所以尊为治乱世之法程也。《精华篇》曰："《春秋》之为学也，道往而明来者也。……弗能察寂若无，能察之无物不在，是故为《春秋》者，得一端而多连之，见一空而博贯之，则天下尽矣。"此之谓也。

《春秋》之论事，彻始彻终，故重正本而贵谨小。以重正本之义也，故凡事皆重意志而轻行为。《玉杯篇》曰："《春秋》之论事，莫重乎志。……礼之所重者在其志，志敬而节具，则君子予之知礼，志和而音雅，则君子予之知乐，志哀而居约，则君子予之知丧。……志为质，物为文，……质文两备，然后其礼成。……不能备而偏行之，宁有质而不文。"可知正本、重志、尚质三义，实相联贯也。《精华篇》曰："《春秋》之听狱也，必本其事而原其志。"仲舒之《对策》曰："师申商之法，行韩非之说……诛名而不察实，为善者不必免，而犯恶者未必刑也。是以百官皆饰空言虚辞，而不顾实。外有事君之礼，内有背上之心。"于此可见儒法之异点。盖儒法同重正名，然儒之正名，欲以察其实，法家遇名实不能合符处，不免弃实而徇名。司马谈所以讥其专决其名，而失人情也。我国风俗，论事则重"诛心"，断狱则贵"略迹原心"，皆受儒家之学之影响也（董子正名之论，见《深察名号篇》）。

谨小之义，亦与正本相通。《王道篇》曰"刺恶讥微，不遗大小。善无细而不举，恶无细而不去，进善诛恶，绝诸本而已矣"是也。盖乱之所由生，恒在细微之处，特常人不及察耳。然精密论之，非绝细微之恶，祸根固终不能绝。祸根不绝，终不免潜滋暗长，至于将寻斧柯也。故《二端篇》曰："览求微细于无端之处。"《仁义篇》曰："观物之动而先觉其萌，绝乱塞害于将然而未行之时，《春秋》之志也。"《对策》曰"……圣人莫不以暗致明，以微致显，是以尧发于诸侯，舜兴乎深山，非一日而显也，盖有渐以致之矣。……积善在身，犹长日加益而人不知也；积恶在身，犹火之销膏而人不见也"，亦此义。

"《春秋》纪纤芥之失，反之王道。"夫王道者，天道也，故曰："事各顺于名，名各顺于天，天人之际，合而为一。"质而言之，则几微之事，皆当求合乎自然而已。人之行为，求合于自然有两难题，一感情问题，一智识问题也。自智识问题言之，则本欲求乎自然，但不知如何为合于自然之问题也。此问题也，大而显

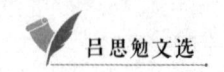

著之处，固夫人而不虑其淆惑，所难者，近似之际，细微之处耳。故《春秋》贵别嫌明微。《玉英篇》曰："《春秋》有经礼，有变礼。为如（同而）安性平心者经礼也，至有于性虽不安，于心虽不平，于道无以易之，此变礼也。……明乎经变之事，然后知轻重之分，可与适权矣。"此即所谓"义"也。故曰："胁严社而不为不敬灵，出天王而不为不尊上，辞父之命而不为不承亲，绝母之属而不为不孝慈，义矣夫。"

感情问题所难者，即明明合于自然，即顺于理性之事，而为感情所不安，明明不合乎自然，即反乎理性之事，而为感情所甚欲是也。此虽可以义断之，然感情之为物，不可久抑，强制感情而从事焉，终非可长久之道也。儒家于此，乃提出义亦人之所欲（即合理之事，本亦顺于感情，理性与感情相一致）之说，以提撕而警觉之。《身之养重于义篇》曰："天之生人也，使之生义与利。利以养其体，义以养其心，心不得义不能乐，体不得利不能安，……体莫贵于心，故养莫重于义。"此之谓也。故逢丑父杀其身以免其君，事至难而《春秋》非之也。

事之是非然否，以感情为最初之标准，即合乎人之感情者，谓之善，反乎人之感情者，谓之恶。然有时顺乎一时之感情，其所得之结果，将大与所欲者相背，顺乎一人之感情，其所得之结果，将贻众人以所大不欲，则不得不以理性抑感情，顺乎人人之所欲，则"仁"之谓，以理性抑一人一时之感情，则义之谓也。故仁者目的，义者乎段也。目的无时离手段而可达，故仁与义，亦终不相离焉。夫顺自己之感情，顺一时之感情，此人人所能，所难者，以理性抑感情，以保全远大之利耳。故"《春秋》以仁安人，以义正我"。行背乎义，而终致有害于仁者，则顺一时之感情为之也。此则利之谓也。故曰："凡人之性，莫不善义，然而不能义者，利败之也。"故曰："仁人者，正其道，不谋其利，修其理，不急其功。"（对胶西王。此据《繁露》。《汉书》作"正其谊，不谋其利,明其道,不计其功"。)又曰:"万民之从利也,如水之走下,不以教化提防之,不能止也。"

《为人者天》及《人副天数》二篇,以人情性、形体皆出于天。《王道通》三篇曰:"喜气为暖而当春,怒气为清而当秋,乐气为太阳而当夏,哀气为太阴而当冬。四气者,天与人所同有也,非人所能畜也,故可节而不可止也。节之而顺,止之而乱。"所谓节之者,则《阴阳义篇》所谓"使喜怒必当义乃出"也。所谓止之而乱者,则《天道施篇》所云"民之情不能制,其欲使之度礼,目视正色,耳听正声,口食正味,身行正道,非夺之情也,所以安其情也"是也。汉武之策仲舒曰:"性命之情,或夭或寿,或仁或鄙,习闻其道,未烛厥理。"仲舒对曰:"命者,天之令也;性者,生之质也;情者,人之欲也。或夭或寿,或仁或鄙,陶冶而成之,不能粹美,有治乱之所生,故不齐也。……尧舜行德,则民仁寿,桀纣行暴,则民鄙夭。夫上之化下,下之从上,犹泥之在钧,惟甄者之所为,犹金之在镕,惟冶者之所铸。"又其对策谓:"强勉学问,则闻见博而知益明,强勉行道,则德日进而大有功。"此仲舒对修为之宗旨也(仲舒论性之说于后,与汉儒论性之说并述之,可参看)。

仲舒推阴阳五行,其说颇有类乎迷信者,然《暖燠孰多篇》谓禹汤水旱"皆适遭之变,非禹汤之过,毋以适遭之变,疑平生之常,则所守不失,则正道益明"。则亦未尝废人事而任灾祥也。以天为有人格,有喜怒欲恶如人,视人所为之善恶而赏罚之,此自幼稚时代之思想。墨家之说如此,见前。哲学进步之后,已弃此等说勿用,而治乱足以召灾祥之见,犹未尽蠲,则以气之感应说之。《同类相动篇》曰:"今平地注水,去燥就湿,均薪施火,去湿就燥。百物去其所与异,而从其所与同,故气同则会,声比则应。(案'水流湿,火就燥''同声相应,同气相求'皆见《易》文言。又董子谓:'春秋之道,奉天而法古。''王者有改制之名,

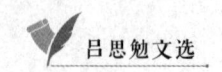

无改道之实。'《白虎通》谓'王者有改道之文，无改道之质。如君南面，臣北面'，文与实不与，亦《春秋》义，而'君南面，臣北面'，《易》、《纬》、《乾凿度》论易不易之义，亦以为譬。此可见《易》、《春秋》之说相表里也。)……天地之阴气起，而人之阴气应之而起，人之阴气起，天地之阴气亦宜应之而起，其道一也。明于此，欲致雨则动阴以起阴，欲止雨则动阳以起阳，故致雨非神也，而疑于神者，其理微妙也。非独阴阳之气可以类进退也，虽不祥祸福所从生，亦由是也，无非己先起之，而物以类应之而动者也。"即此说也。《天地阴阳篇》曰："天地之间，有阴阳之气，常渐人者，若水若常渐鱼也。"此为汉代变复家之通说。王充尝驳之，以为人主一人之气甚微，何能动天地而致灾变？然此篇又谓"今气化之淖非直水也，而人主以众动之无已时。……世治而民和，志平而气正，则天地之化精，而万物之类起；世乱而民乖，志僻而气逆，则天地之化伤，气生灾害起"。则本不谓君主一人所为，仲壬之诤，未为得也。

儒道二家之说，小异大同。今世所认为道家言者，实多儒道二家之公言，前章已言之，证以董生之书而益信也。《正贯篇》曰："明于情性，乃可与论为政。"《离合根》、《天地之行》两篇，皆言君法天，臣法地，而曰："天高其位而下其施，藏其形而见其光。高其位，所以为尊也；下其施，所以为仁也；藏其形，所以为神；见其光，所以为明也；……故为人主者，法天之行，是故内深藏所以为神，外博观所以为明也，任群贤，……受成乃不自劳于事，所以为尊也，泛爱群生，不以喜怒赏罚，所以为仁也。故为人主者，以无为为道，以不私为宝。"皆儒道二家相通之处。《深察名号篇》曰："欲审曲直莫如引绳，欲审是非莫如引名。……事各顺于名，名各顺于天，天人之际，合而为一。"《考功名篇》曰："不能致功，虽有贤名不予之赏，官职不废，虽有愚名不加之罚。赏罚用于实，不用于名；贤愚在于质，不在于文。"《度制篇》曰

"孔子曰：不患寡而患不均。故有所积重，则有所空虚矣。大富则骄，大贫则忧，忧则为盗，骄则为暴，此众人之情也。圣者则于众人之情，见乱之所从生，故其制人道而差上下也。使富者足于示贵而不至于骄，使贫者足以养生而不至于忧。……凡百乱之源，皆出嫌疑纤微，以渐浸稍长，至于大。圣人章其疑者，别其微者，绝其纤者"，皆足通儒与名法之邮。《王道篇》曰："故明王视于冥冥，听于无声，天覆地载，天下万国，莫敢不悉靖共职，受命者不示臣下以知之至也。故道同则不能相先，情同则不能相使。……由此观之，未有去人君之权，能制其势者也。未有贵贱无差，能全其位者也。"此则俨然道法家言矣。此外立元神，保位权，通国身诸篇，亦皆类道法家言，《循天之道》篇，畅论养生之理，则并与世所指为神仙家言者近矣。九流之学，流异源同如此。《汉书》本传曰："自武帝初立，魏其武安侯为相，而隆儒矣。及仲舒对册，推明孔氏，抑黜百家。立学校之官，州郡举茂才孝廉，皆自仲舒发之。"案谓汉代儒术之独盛，全由汉武一人之力，其误前已辨之。然谓汉武之独崇儒术，与仲舒极有关系，亦确系事实。仲舒之言曰："春秋大一统者，天地之常经，古今之通谊也。今师异道，人异论，百家殊方，指意不同，是以上亡以持一统，法制数变，下不知所守。臣愚以为诸不在六艺之科，孔子之术者，皆绝其道，勿使并进。邪辟之说灭息，然后统纪可一，而法度可明，民知所从矣。"此汉代学校选举，偏主儒术之所由来也。夫众论当折衷于一是，此本无可非议，特人之知识，大概相同，未有众人皆谬，而一家独能见其至是者。不知听众说并行，互相辩论，分途研究，以求至是，而欲宗一家而黜其余，此则旧时学者之蔽也。然思想恒缘环境而生，后世言论，失之统一，故人思异论之美，古代议论，失之复杂，使人无所适从，故学者多欲立一标准以免逢午耳。前说墨子尚同之义，已论之，兹不赘。

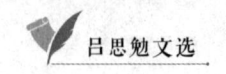

## 五、桑弘羊

汉至武帝始"罢黜百家，表章六经"，自此以后，儒家之学遂独盛，前此则九流之学，仍并行，故宣帝诏"汉家自有制度，本以霸王道杂之"也。惜当时通诸家之学者，其说多不传于后，幸有《盐铁论》一书，颇有考见汉代治法家之学者之绪论焉。此书为汝南桓宽所记。昭帝时车千秋为丞相，桑弘羊为御史大夫。始元五年，令三辅太常举贤良各二人，郡国文学高第各一人。六年二月，诏有司问郡国所举贤良文学，民所疾苦。罢盐铁、榷酤。秋七月，罢榷酤官。此书所记即当时贤良文学与有司辩论之语也。书凡六十篇，末篇为宽自述意见之语，其余五十九篇，皆两方面辩论之词也。一方为贤良文学凡六十余人，其名见于末篇者，为贤良茂陵唐生、文学鲁万生、中山刘子雍、九江祝生。一方面为御史大夫丞相吏御史，而车丞相括囊不言，亦见于末篇。贤良文学所陈皆儒家之义，有司一方面，御史大夫发言最多，多法家之义。桓宽讥群丞相御史阿意道谀，则有司一方面为辩论之主者，实桑弘羊也。两方之论，桓宽是贤良文学，而非有司，盖宽亦儒家者流也。予以两方之言各有其理，若就纯理立论，则予谓御史大夫之言，理由实较强。盖吾国当部落时代，本为若干自给自足之小共产社会，其后竞争日烈，互相吞并之事日多，又生计进步，商业日渐盛大，而共产制度遂渐破坏，此时发生两问题：（一）狭义农业用之土地当如何分配，此为井田问题。（二）（1）供广义农业用之土地古代本作为公有，人民但依一定之规则，即可使用，如斧斤以时入山林，数罟不入污池，……是也。（2）工业之大者，古由国家设官经营。（3）商业之大者，皆行于国外，行于国内者，国家管理之甚严，故无以工商之业兼并平民者。共产制度既坏，供广义农业用之土地渐次为私人所占，工业之大者，渐次由私人经营，商业与政府及人民之关系亦日密切。此等人遂皆成为兼并之徒。于斯时也，将①恢复古者共产社会之制度乎？②抑将各种大事业收归国有，既可增加国家之收入，又可抑制豪强之兼并乎？儒家则主前者，法家则主后者。商业之必要，儒家并非不知（观孟子与陈相之辩论可知）。然生计既经进步之后，当合全国而成一大分工合力之规模，不容再域于一地方而谋自给自足，则似见之未莹（《盐铁论·水旱篇》贤良谓古者千室之邑、百乘之家……故农民不离畦亩而足乎田器，工人不斩伐而足乎陶冶，不耕田而足乎粟米。）故从儒者之论，非将社会生计退化数百年，则其想像之社会无从维持，此于事为不可行，从法家之论，则国计民生兼有裨益，颇得近代社会政策之意，故曰：二家之理论，实以法家为长也。惟此系就理论言，若论事实，则桑弘羊之所为确不免借平准之名以行聚敛之实。又官制之器，多不便用，实系剥削平民，其政治上之罪恶，亦不容为之讳也。

此书两方面互相讥刺之言，皆无足取（人身攻击之辞甚多，甚至有司诋孔子，贤良文学骂商鞅，则更无谓矣），其余则各有理由。但儒家之学，后世盛行，故贤良之学之言，自今观之，多系通常之论，法家之学，则其后终绝，保存于此书中者，实为吉光片羽。汉代法家学说之可考者，几乎独赖此书焉。今故摘其尤要者于左，所谓物稀为贵，非于当时两方辩论有所左右袒也。

大夫曰："管子云：'国有沃野之饶，而民不足于食者，器械不备也。'"

大夫曰："王者塞天财，禁关市，执准守时，以轻重御民，丰年岁登，则储积以备乏绝，凶年恶岁，则行币物流有余而调不足也。"

大夫曰："贤圣治家非一室，富国非一道。昔管仲以权谲霸，而范氏以强大亡。使治家养生必于农，则舜不甄陶而伊尹不为庖。故善为国者，天下之下我高，天下之轻我重，以末易其本，以虚荡其实，……中国一端之缦，得匈奴累金之物，而损敌国之用。"

大夫曰："燕之涿蓟，……富冠海内，皆为天下名都，非有助之耕其野而田其地者也。居五诸侯之衢，跨街冲之路也。故物丰者民衍，宅近市者家富。富在术数，不在劳身，利在势居，不在力耕也。"

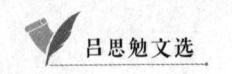

大夫曰："今吴、越之竹，隋、唐之材，不可胜用，而曹、卫、梁、宋，采棺转尸。江、湖之鱼，莱、黄之鲐，不可胜食，而邹、鲁、周、韩，藜霍蔬食。天下之利无不赡，而山海之货无不富也。然百姓匮乏，财用不足，多寡不调，而天下财不散也。"

大夫曰："民大富则不可以禄使也，大强则不可以威罚也。"

大夫曰："夫权利之处，必在深山穷泽之中，非豪民不能通其利。……太公曰：一家害百家，百家害诸侯，诸侯害天下。……今放民于权利，罢盐铁以资暴强，……则强御日以不制，而并兼之徒奸形成也。"

大夫曰："铁器兵刃，天下之大用也，非众庶所宜事也。"

大夫曰："共其地居是世也，非有灾害疾疫，独以贫穷，非惰则奢也。无奇业旁入而犹以富给，非俭则力也。今日施惠悦尔行刑不乐，则是闵无行之人，而养惰奢之民也。"

大夫曰："文学言王者立法，旷若大路，今驰道不小也，而民公犯之，以其罚罪之轻也。千仞之高，人不轻凌，千钧之重，人不轻举，商君刑弃灰于道而秦民治。"

御史曰："明理正法，奸邪之所恶，而良民之福也。……无法势虽贤人不能以为治。"

大夫曰："射者因势，治者因法。……今欲以敦朴之时，治抏弊之民，是犹迁延而拯溺，揖让而救火也。"

以上仅举其最要者，贤良文学主儒，有司主法，亦仅以宗旨言之，其中征引各家学说者，两方面皆颇多。九流遗说多藉是而可考见（如《论邹篇》论邹子盐铁，《针石篇》引公孙龙其一例也）。实古书中之瑰宝也。

## 六、汉儒言灾异者

《汉书》曰："汉兴，推阴阳言灾异者，孝武时有董仲舒、夏侯始昌，昭、宣则眭孟、夏侯胜，元、成则京房、翼奉、刘向、谷永，哀、平则李寻、田终术。"仲舒说，已见前。

眭弘字孟，鲁国蕃人也。……从嬴公受《春秋》，以明经为议郎，至符节令。孝昭元凤三年正月，泰山、莱芜山南……有大石自立……是时昌邑有枯社木卧后生；又上林苑院中大柳树断枯卧地，亦自立生，有虫食树叶成文字曰"公孙病已立"。孟推《春秋》之意，以为石柳皆阴类，下民之象，泰山者岱宗之岳，王者易姓告代之处，……此当有从匹夫为天子者。枯社木复生，故废之家公孙氏当复兴者也。孟意亦不知其所在，即说曰先师董仲舒有言，虽有继体守文之君，不害圣人之受命……汉帝宜谁差天下，求索贤人，禅以帝位，而退自封百里，如殷周二王后，以承顺天命。孟使友人内官长赐上此书。……皆伏诛。

夏侯始昌鲁人也，通五经，以齐《诗》、《尚书》教授。……明于阴阳，先言柏梁台灾日，至期日，果灾。

族子胜……字长公。初鲁共王分鲁西宁乡，以封子节侯别属大河，大河后更名东平，故胜为东平人，从始昌受《尚书》及《洪范五行传》，说灾异，后事兰卿，又从欧阳氏问，为学精熟，所问非一师也……征为博士、光禄大夫……昌邑王……数出，胜当乘舆前，谏曰：天久阴而不雨，臣下有谋上者，陛下欲何之？王怒，谓胜为妖言，缚以属吏，吏白大将军霍光……是时光与车骑将军张安世谋，欲废昌邑王，光让安世以为泄语，安世实不言，乃诏问胜，胜对言：在《洪范传》曰"皇之不极，厥罚常阴时，则下人有伐上者"恶察察言，故云臣下有谋。光、安世大惊，以此益重经术士。后十余日，光卒与安世白太后，废昌邑王，尊立宣帝，光以为群臣奏事东宫，太后省政，宜知经术，白令胜用《尚书》授太后，迁长信少府……宣帝初即位，欲褒先帝，诏丞相御史曰……孝武皇帝……庙乐未称……其与列侯、二千石、博士议。于是群臣大议廷中，皆曰，宜如诏书。……胜独曰：武帝……亡德泽于民，不宜为立庙乐。公卿共难胜曰：此诏书也。胜曰：诏书不可用也。人臣之谊，宜直言正论，非苟阿意顺指。议已出口，虽死不悔。……下

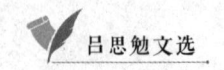

狱。……四年夏，关东四十九郡同日地动。……大赦，胜出，为谏大夫。……后为长信少府，迁太子太傅。……年九十卒。

京房字君明，东郡顿丘人也。治《易》，事梁人焦延寿。延寿字赣，赣贫贱，以好学得幸梁王，王共其资用，令极意学。既成，为郡史，察举补小黄令。以候司先知，奸邪盗贼不得发。……赣常曰：得我道以亡身者，京生也。其说长于灾变，分六十卦，更直日用事，以风雨寒温为候，各有占验。房用之尤精。好钟律，知音声。初元四年以孝廉为郎。永光、建昭间，西羌反，日蚀，又久青无光，阴雾不精。房数上疏，先言其将然，近数月，远一岁，所言屡中。天子说之。数召见，问房。对曰：古帝王以功举贤，则万化成，瑞应著，末世以毁誉取人，故功业废而致灾异。宜令百官各试其功，灾异可息。诏使房作其事。房奏考功课吏法。上令公卿朝臣与房会议温室，皆以房言烦碎，令上下相司，不可许。上意乡之。时部刺史奏事京师，上召见诸刺史，令房晓以课事，刺史复以为不可行。唯御史大夫郑弘、光禄大夫周堪初言不可，后善之。是时中书令石显颛权，显友人五鹿充宗为尚书令，与房同经议论相非。……上令房上弟子晓知考功课吏事者，欲试用之。房上中郎任良、姚平，愿以为刺史，试考功法，臣得通籍殿中，为奏事，以防壅塞。石显、五鹿充宗皆疾房，欲远之，建言宜试房为郡守。元帝于是以房为魏郡太守。……得以考功法治郡。房自请愿无属刺史，得除用他郡人，自第吏千石以下，岁竟乘传奏事。天子许焉。……房去月余，竟征下狱……弃市……房本姓李，推律自定为京氏。……

翼奉字少君，东海下邳人也。治齐诗，与萧望之、匡衡同师。……好律历阴阳之占。元帝初即位，诸儒荐之，征待诏宦者署，数言事宴见，天子敬焉。时平昌侯王临以宣帝外属侍中称诏，欲从奉学其术，奉不肯与言，而上封书曰：臣闻之于师，治道要务，在知下之邪正。……知下之术，在于六情十二律而已。北方之情好也，好行贪狼，申子主之。东方之情怒也，怒行阴贼，亥卯主之。贪狼必待阴贼而后动，阴贼必待贪狼而后用，二阴并行，是以王者忌子卯也，《礼经》避之，《春秋》讳焉。南方之情恶也，恶行廉贞，寅午主之。西方之情喜也，喜行宽大，己酉主之。二阳并行，是以王者吉午酉也。诗曰：吉日庚午。上方之情乐也，乐行奸邪，辰未主之。下方之情哀也，哀行公正，戌丑主之。辰未属阴，戌丑属阳，万物各以其类应。今陛下明圣，虚静以待物至，万事虽众，何闻而不谕，岂况乎执十二律而御六情！于以知下参实，亦甚优矣，万不失一，自然之道也。乃正月癸未日加申，有暴风从西南来。未主奸邪，申主贪狼，风以大阴，下抵建前，是人主左右邪臣之气也。平昌侯比三来见臣，皆以正辰加邪时，辰为客，时为主人。以律知人情，王者之秘道也，愚臣诚不敢以语邪人。上以奉为中郎，召问奉：来者以善日邪时，孰与邪日善时？奉对曰：师法用辰不用日。辰为客，时为主人。见于明主，侍者为主人。辰正时邪，见者正，侍者邪。辰邪时正，见者邪，侍者正。忠正之见，侍者虽邪，辰时俱正。大邪之见，侍者虽正，辰时俱邪。即以自知侍者之邪，而时邪辰正，见者反邪；即以自知侍者之正，而时正辰邪，见者反正。辰为常时，时为一行，辰疏而时精，其效同功，必参五观之，然后可知，故曰：察其所繇，省其进退，参之六合五行，则可以见人性，知人情。难用外察，从中甚明，故诗之为学，情性而已。五性不相害，六情更兴废。观性以历，观情以律，明主所宜独用，难以二人共也。……惟奉能用之，学者莫能行。是岁关东大水，郡国十一饥，疫又甚。……明年二月戊午，地震。其夏齐地人相食，七月己酉，地复震。……奉奏封事曰：臣闻之于师曰，天地设位，悬日月，布星辰，分阴阳，定四时，列五行，以视圣人，名之曰道。圣人见道，然后知王治之象。故画州土，建君臣，立律历，陈成败，以视贤者，名之曰经。贤者见经，然后知人道之务，则《诗》、《书》、《易》、《春秋》、《礼》、《乐》是也。《易》有阴阳，《诗》有五际，《春秋》有灾异，皆列终始，

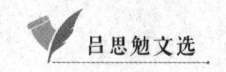

推得失，考天心，以言王道之安危。至秦乃不说，伤之以法，是以大道不通，至于灭亡。……臣奉窃学齐《诗》，闻五际之要，《十月之交》篇知日蚀、地震之效，昭然可明，犹巢居知风，穴处知雨……臣闻人气内逆，则感动天地，天变见于星气日蚀，地变见于奇物震动。所以然者，阳用其精，阴用其形，犹人之有五脏六体，五脏象天，六体象地，故脏病则气色发于面，体病则欠申动于貌。今年太阴建于甲戌，律以庚寅初用事，历以甲午从春，历中甲庚，律得参阳，性中仁义，情得公正贞廉，百年之精岁也。正以精岁本首王位，日临中时接律，而地大震，其后连月久阴，虽有大令，犹不能复，阴气盛矣。古者朝廷必有同姓，以明亲亲，必有异姓，以明贤贤。……今左右亡同姓，独以舅后之家为亲，异姓之臣又疏，……阴气之盛，不亦宜乎！臣又闻未央、建章、甘泉宫才人各有百数，皆不得天性。若杜陵园，其已御见者，臣子不敢有言。虽然，太皇太后之事也。及诸侯王园与其后宫，宜为设员，出其过制者，此损阴气，应天救邪之道也。今异至不应，灾将随之。其法大水，极阴生阳，反而大旱，甚则为火灾，春秋宋伯姬是矣。……明年夏四月，乙未，孝武园白鹤馆灾。……奉以为祭天地于云阳汾阴，及诸寝庙，不以亲疏迭毁，皆烦费，违古制。又宫室苑囿，奢泰难供，以故民困国虚，亡累年之畜，所繇来久，不改其本，难以末正。乃上疏曰：……汉德隆盛，在于孝文……如令处于当今，因此制度，必不能成功名。……臣愿陛下徙都于成周……迁都正本，众制皆定。……岁可余一年之蓄。……如因丙子之孟夏，顺太阴以东行，到后七年之明岁，必有五年之余蓄。然后大行考室之礼，虽周之隆盛，亡以加此。……奉以中郎为博士、谏大夫，年老以寿终。……

李寻字子长，平陵人也。治《尚书》，与张儒、郑宽中同师。宽中等守师法教授，寻独好《洪范》灾异。又学天文月令阴阳，事丞相翟方进。方进亦善为星历，除寻为吏，数为翟侯言事。帝舅曲阳侯王根为大司马骠骑将军，遇厚寻。是时多灾异，根辅政，数虚己问寻。寻见汉家有中衰厄会之象，其意以为且有洪水为灾，乃说根曰：《书》云天聪明，盖言紫宫极枢，通位帝纪，太微四门，广开大道，五经六纬，尊术显士，翼张舒布，烛临四海，少微处士，为比为辅，故次帝廷，女宫在后，圣人顺天，贤贤易色，取法于此，天官上相上将皆颛而正朝，忧责甚重，要在得人。……根于是荐寻。哀帝即位，召寻待诏黄门，使侍中卫尉傅喜问寻……寻对曰：……日者，众阳之长……人君之表也。……君不修道，则日失其度，暗昧亡光，各有云为……月者众阴之长……妃后大臣诸侯之象也。……五星者，五行之精，五帝司命，应王者号令，为之节度。……夫以喜怒赏罚，而不顾时禁，虽有尧舜之心，犹不能致和。……故古之王者，尊天地，重阴阳，敬四时，严月令，顺之以善政，则和气可立致。……今朝廷忽于时月之令。诸侍中尚书近臣，宜皆令通知月令之意。……上虽不从寻言，然采其语，每有非常，辄问寻。寻对屡中，迁黄门侍郎。以寻言且有水灾，故拜寻为骑都尉，使护河堤。初，成帝时，齐人甘忠可诈造《天官历》、《包元太平经》十二卷，以言汉家逢天地之大终，当更受命于天，天帝使真人赤精子下教我此道。忠可以教重平夏贺良、容丘丁广世、东郡郭昌等，中垒校尉刘向奏忠可假鬼神罔上惑众，下狱治服，未断病死。贺良等生挟忠可书，以不敬论。后贺良等复私以相教。哀帝初立，司隶校尉解光亦以明经通灾异，得幸，白贺良等所挟忠可书。事下奉车都尉刘歆，歆以为不合五经，不可施行。而李寻亦好之。……时郭昌为长安令，劝寻宜助贺良等。寻遂白贺良等，皆待诏黄门，数召见，陈说：汉历中衰，当更受命。成帝不应天命，故绝嗣。今陛下久疾，变异屡数，天所以谴告人也。宜急改之易号，乃得延年益寿，皇子生，灾异息矣。得道不得行，咎殃且亡，不有洪水将生，灾火且起，涤荡民人。哀帝久寝疾，几其有益，遂从贺良等议。……大赦天下，以建平二年为太初元年，号曰陈圣刘太平皇帝。漏刻以百二十为度。……后月余，上疾自若，贺良等复欲妄变政事，大臣争以为不可许。贺良等奏，言大臣皆不知命，且退丞相御史，以解光、李寻辅政。上以其言亡验，遂下贺良等吏……皆伏诛。寻及解光减死一等，徙敦煌郡。

向字子政，本名更生。年十二，以父德任为辇郎，既冠以行修饬擢为谏大夫。是时宣帝循武帝故事，招选名儒俊材，置左右，更生以通达能属文辞，与王襃、张子侨等并进对，献赋颂凡数十篇。上复兴神仙方术之事，而淮南有《枕中鸿宝苑秘书》。书言神仙使鬼物为金之术，及邹衍重道延命方，世人莫见，而更生父德，武帝时治淮南狱，得其书，更生幼而读诵，以为奇，献之，言黄金可成。上令典尚方铸作事，费甚多，方不验，上乃下更生吏。吏劾更生铸伪黄金当死。更生兄阳城侯安民上书入国户半，赎更生罪。上亦奇其材，得渝冬减死论。会初立《穀梁春秋》，征更生受《穀梁》，讲五经于石渠。复拜为郎中给事黄门，迁散骑、谏大夫、给事中。元帝初即位，太傅萧望之为前将军，少傅周堪为诸吏光禄大夫，皆领尚书事。……荐更生宗室忠直明经有行，擢为散骑宗正给事中，与侍中金敞拾遗于左右……为许、史及恭、显所谮诉，堪、更生下狱，及望之皆免官。……其春地震，夏客星见昴、卷舌间。上感悟，下诏赐望之爵关内侯，奉朝请。秋征堪、向，欲以为谏大夫，恭、显白皆为中郎。冬，地复震。时恭、显、许、史子弟侍中诸曹皆，侧目于望之等，更生惧焉。乃使其外亲上变事……宜退恭、显……进望之等……书奉，恭、显疑其更生所为，白请考奸诈，辞果服，遂逮更生系狱，……坐免为庶人，而望之亦坐使子上书自冤前事。恭、显白令诣狱置对，望之自杀。天子甚悼恨之，乃擢周堪为光禄勋，堪弟子张猛光禄大夫给事中，大见信任。恭、显惮之，数谮毁焉。更生见堪、猛在位，几已得复进，惧其倾危，乃上封事。……窃推《春秋》灾异以救今事……恭、显见其书，愈与许、史比而怨更生等。……左迁堪为河东太守，猛槐里令。后三岁……征堪……拜为光禄大夫，秩中二千石，领尚书事。猛复为太中大夫给事中。……会堪疾，喑不能言而卒。显诬谮猛，令自杀于公车。更生伤之，乃著《疾谗》、《摘要》、《救危》及《世颂》凡八篇。依兴古事，悼己及同类也。遂废十余年。成帝即位，显等伏辜，更生乃复进用，更名向。向以故九卿召拜为中郎使领护三辅都水。数奏封事，迁光禄大夫。是时，帝元舅阳平侯王凤为大将军，秉政，依太后专国权，兄弟七人，皆封为列侯。时数有大异。向以为外戚贵盛，凤兄弟用事之咎。而上方精于《诗》、《书》，观古文。诏向领校中五经秘书。向见《尚书·洪范》，箕子为武王陈五行阴阳休咎之应，向乃集合上古以来历春秋六国至秦汉符瑞灾异之记，推迹行事，连传祸福，著其占验，比类相从，各有条目，凡十一篇，号曰《洪范五行传论》，奏之。……久之，营起昌陵，数年不成，复还归延陵，制度泰奢，向上疏谏。……向睹俗弥奢淫，而赵卫之属，起微贱，逾礼制，向以为王教，由内及外，自近者始，故采取《诗》、《书》所载贤妃贞妇，兴国显家可法则，及孽嬖乱亡者，序次为《列女传》凡八篇，以戒天子，及采传记行事，著《新序》、《说苑》凡五十篇，奏之。数上疏言得失，陈法戒，书数十上，以助观览，补遗阙。……时上无继嗣，政由王氏出，灾异浸甚。……向遂上封事极谏……以向为中垒校尉。……元延中，星孛东井，蜀郡岷山崩雍江。向……复上奏。……向自见得信于上，故常显讼宗室，讥刺王氏及在位大臣，……上数欲用向为九卿，辄不为王氏居位者及丞相御史所持，故终不迁，居列大夫官前后三十余年。年七十二卒。……案《汉书·刘向传》词多不实，淮南狱起，刘德甫数岁，安得治之（刘奉世说）。向受《穀梁》，说亦诬妄，见近人崔氏适《春秋复始》。向免为庶人后，犹自上封事，其初何以必使外亲邪？

谷永字子云，长安人也。……少为长安小史，后博学经书。建诏中，御史大夫繁延寿闻其有茂材，除补属举为太常丞，数上疏言得失。建始三年冬，日食、地震，同日俱发，诏举方正直言极谏之士，太常阳城侯刘庆忌举永。……对奏，天子异焉，特召见

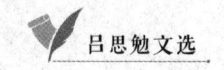

永。其夏,皆令诸方正对策,……永对毕,因曰:臣前幸得条对灾异之效,……陛下委弃不纳,而更使方正对策,背可惧之大异,问不急之常论,……是故皇天勃然发怒,甲巳之间,暴风三溱,……上特复问永,永对曰:日食、地震、皇后、贵妾专宠所致。……是时,上……委政元舅大将军王凤,议者都归咎焉。永和凤方见柄用,阴欲自托,乃复曰:……不可归咎诸舅,……时对者数千人,永与杜钦为上第焉。……由是擢为光禄大夫。永奏书谢凤,……凤遂厚之。数年,出为安定太守。时上诸舅皆修经书,任政事。平阿侯谭年次当继大将军凤辅政,尤与永善。阳朔中凤薨。……以音为大司马车骑将军,领尚书事,而平阿侯谭位特进,领城门兵。永闻之,与谭书曰:……宜深辞职……谭得其书,大感,遂辞让……由是谭、音相与不平。永远为郡吏,恐为音所危,病满三月免。音奏请永补营军司马,永数谢罪自陈,得转为长史。……永复说音曰:……音犹不平,荐永为护苑使者。音薨,成都侯商代为大司马卫将军,永乃迁为凉州刺史。时有黑龙见东莱,上使尚书问永,……永对曰:……今陛下轻夺民财,不爱民力,听邪臣之计,去高敞初陵,损十年功绪,改作昌陵,……大兴徭役,重增赋敛,……五年不成,而后反故。……公家无一年之畜,百姓无旬日之储,上下俱匮,无以相救……愿陛下追观夏商周秦所以失之,以镜考己行。……至上此对,上大怒。……明年,征永为太中大夫,迁光禄大夫给事中。元延元年为北地太守。时灾异尤数,……永对曰:臣闻天生蒸民……不私一姓,明天下乃天下之天下,非一人之天下也。王者躬行道德,承顺天地,……籍税取民,不过常法,……失道妄行,逆天暴物,……峻刑重赋,百姓愁怨,……上天震怒,灾异屡降,……对奏,天子甚感其言。永于经书泛为疏达,……其于天官、《京氏易》最密,故善言灾异,前后四十余事,略相反覆,专攻上身与后宫而已。党于王氏,上亦知之,不甚亲信也。永所居任职,为北地太守。岁余,卫将军商薨,曲阳侯根为骠骑将军,荐永,征入为大司农。岁余,永病,三月,有司奏请免。……数月,卒于家。

## 魏晋玄谈

虚无之风，始于魏之正始中，明帝崩，曹真子爽（字昭伯），录尚书（齐王立，加侍中），与太尉司马宣王并受遗诏，辅幼主。爽用丁谧计，尊宣王为太傅，而实夺之权，宣王遂称疾避爽，爽引南阳何晏（字平叔，进孙，少以才秀知名，好老庄言，作道德论及诸文赋，著作凡数十篇，今存者惟《论语集解》而已）。邓飏（字玄茂）、李胜（字公昭）、沛国丁谧（字彦靖、父斐）、东平毕轨（字昭先）为腹心，后爽败，诸人皆夷三族。夏侯玄字太初，尚子，爽之姑子也，爽诛，尚与中书令李丰谋诛景王，夷三族。案《三国志》注引《魏氏春秋》曰："初，夏侯玄、何晏等，名盛于时，司马景王亦预焉。晏尝曰：'惟深也，故能通天下之志，夏侯泰初是也；惟几也，故能成天下之务，司马子元是也；惟神也，不疾而速，不行而至，吾闻其语，未见其人，盖欲以神况诸己也。'"可见清谈之风，司马氏亦与焉。今史所传爽等之事，皆政争失败后之诬词，不尽可信也。

王弼之事，见《魏志钟会传》，传云："会弱冠，与山阳王弼并知名，弼好论儒、道，辞才逸辩，注《易》及《老子》，为尚书郎，年二十余卒。"注，弼字辅嗣，何劭为其传曰：弼幼而察惠，年十余，好老氏，通辩能言。父业，为尚书郎。时裴徽为吏部郎，弼未弱冠，往造焉。徽一见而异之，问弼曰："夫无者，诚万物之所资也，然圣人莫肯致言，而老子申之无已者何？"弼曰："圣人体无，无又不可以训，故不说也，老子是有者也，故恒言无所不足。"寻亦为傅嘏所知，于时何晏为吏部尚书，甚奇弼，叹之曰：

"仲尼谓后生可畏，若斯人者，可与言天人之际乎？"……淮南人刘陶善论纵横，为当时所推。每与弼语，尝屈弼。弼天才卓出，当其所得，莫能夺也。性和理，乐游宴，解音律，善投壶，其论道附会文辞，不如何晏，自然有所拔得多晏也，颇以所长笑人，故时为士君子所疾。弼与钟会善，会论议以校练为家，然每服弼之高致。何晏以为圣人无喜怒哀乐，其论甚精，钟会等述之，弼与不同，以为圣人茂于人者神明也，同于人者五情也；神明茂，故能体冲和以通无；五情同，故不能无哀乐之应物。然则圣人之情应物，而无累于物者也。今以其无累，便谓不复应物，失之多矣。弼注《易》，颍川人荀融，难弼大衍义，弼答其意，白书以戏之曰："夫明足以寻极幽微，而不能去自然之性，颜子之量孔父之所预在，然遇之不能无乐，丧之不能无哀，又尝狭斯人以为未能以情从理者也。而今乃知自然之不可革，是足下之量，虽已定乎胸怀之内，然而隔踰旬朔，何其相思之多乎？故知尼父之于颜子，可以无大过矣。"弼注《老子》，为之指略，致有理统。注《道略论》，注《易》，往往有高丽言。太原王济好谈病老庄，尝云："见弼《易》注，所悟者多"……弼之卒也，晋景王闻之，嗟叹者累日。……孙盛曰："《易》之为书，穷神知化，非天下之至精，其孰能与于此？世之注解，殆皆妄也。况弼以附会之辨，而欲笼统玄旨者乎？故其叙浮议，则丽辞溢目；造阴阳，则妙赜无间，至于六爻变化，群象所效，日时岁月，五气相推，弼皆摈落，多所不关，虽有可观者焉，恐将泥夫大道。"(《博物记》曰："初，王粲与族兄凯俱避地荆州，刘表欲以女妻粲，而嫌其形陋而用率，以凯有风貌，乃以妻凯，凯生业……蔡邕有书近万卷，末年载数车与粲，粲亡后，相国橡魏讽谋反，粲子与焉，既被诛，邕所与书，悉入业。业字长绪，位至谒者仆射，子宏，字正宗，司隶校尉。宏，弼之兄也。"《魏氏春秋》曰："文帝既诛粲二子，以业嗣粲。")弼所注《易》及《老子》，皆存。弼之《易》注，与何晏之《论语集解》，同为谈玄家所注之经。

晋初以风流著称者，有竹林七贤，七贤者，山涛、阮籍、嵇康、向秀、刘伶、阮咸、王戎也。涛字巨源，河内怀人，性好庄、老，每隐身自晦，与嵇康、吕安善，后遇阮籍，便为竹林之游，著忘言之契，与宣穆后有中表亲，是以见景帝入仕，晚为吏尚典选甚久，称为知人。王戎字濬冲，琅邪临沂人，浑之子也。阮籍与浑为友，戎少籍二十岁，亦相与为竹林之游，仕历司徒尚书，与时舒卷，无謇谔之节，然亦号为知人。戎性好利，天下谓之膏肓之疾。阮籍字嗣宗，陈留尉氏人，瑀之子也。博览群籍，尤好庄、老。曹爽辅政，召为参军，以疾辞，屏于田里，岁余而爽诛，时人服其远识，后乃入仕。籍本有济世志，属魏晋之际，天下多故，名士少有全者，由是不与世事，酣饮为常。籍不拘礼法，然发言玄远，不臧否人物，著《达庄论》、《大人先生传》。子浑、字长成，有父风，少慕通达，不饰小节。咸字仲容，任达不拘，与叔父籍，为竹林游，当世礼法之士，讥其所为。山涛举咸典选，武帝以咸沉酒浮虚，遂不用。与从子修特相善，每以得意为欢。二子瞻，字千里，读书不甚研求，而默识其要，遇理而辩，辞不足而旨有余。见司徒王戎，戎问："圣人贵名教，老、庄明自然，其旨同异。"瞻曰："将无同。"戎咨嗟良久，即命辟之，时人谓之三语掾。孚字遥集，蓬发饮酒，不以王务关怀。修字宣子，好易老，善清言，尝有论鬼神有无者，皆以人死者有鬼；修独以为无。曰："今见鬼者云，着生时衣服，若人死有鬼，衣服有鬼邪？"（案此论王仲任尝持之。）性简任，不修人事，绝不喜见俗人，遇便舍去。王衍当时谈宗，自以论易略尽，然有所未了，研之终莫悟。每云："不知比没当见能通之者不？"衍族子敦，谓衍曰："阮宣子可与言。"衍曰："吾亦闻之，但未知其亹亹之处，定何如耳？"及与修谈，言寡而旨畅，衍乃叹服焉。族弟放，字思度，少与孚齐名，中兴为太子中舍人庶子。尝说老、庄不及军国。明帝甚友爱之。裕字思旷，放弟，虽不博学，论难甚精。嵇康字叔夜，谯国铚人，好老、庄，

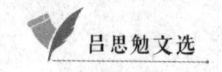

常修养性服食之事，著《养生论》。又以为君子无私，所与神交者，惟陈留阮籍、河内山涛，豫其流者，河内向秀、沛国刘伶、籍兄子咸、琅邪王戎，遂为竹林之游，世所谓竹林七贤也。山涛将去选官，举康自代，康乃与涛书告绝。东平吕安，服康高致，每一相思，辄千里命驾，康友而友之。后安为兄所枉诉，以事系狱，辞相证引，遂复收康。初，康居贫，尝与向秀共锻于大树之下以自赡给，钟会径造，康不为之礼，而锻不辍，良久，会去，康谓曰："何所闻而来？何所见而去？"会曰："闻所闻而来，见所见而去。"会以此憾之，及是言于文帝，遂并害之。康善谈理，又能属文，作《声无哀乐论》。向秀字子期，河内怀人，清悟有远识，少为山涛所知，雅好老、庄之学，为《庄子注》，郭象又述而广之。嵇康善锻，秀为之佐，相对欣然，傍若无人。又共吕安灌园于山阳。刘伶字伯伦，沛国人也，与阮籍、嵇康相遇，欣然神解，携手入林，未尝措意文翰，惟作《酒德颂》一篇。泰始初，对策盛言无为之化，时辈皆以高第得调，伶独以无用罢。

七贤之后，言风流者以王、乐为称首。王衍，戎从弟，字夷甫，初好论纵横之术。魏正始中，何晏、王弼等祖述老、庄之论，以为天地万物皆以无为本，无也者，开物成务，无往而不存者也。阴阳恃以化生，万物恃以成形，贤者恃以成德，不肖恃以免身。故无之为用，无爵而贵矣。衍甚贵之，惟裴𬱟以为非，著论以讥之，而衍处之自若，妙善玄言，惟谈老、庄为事，选举登朝，皆以为称首，矜高浮诞，遂成风俗焉。仕历三公，东海王越讨石勒，衍在军中，越薨，众推为元帅，军败，为勒所擒，以其名高，夜，排墙杀之。乐广，字彦辅，南阳淯阳人，善谈论，每以约言析理，厌人之心。父方参夏侯玄军事，王戎闻广为玄所贵，举为秀才，卫瓘逮见，正始诸名士亦奇之。是时王澄、胡毋辅之等，亦皆任放为达，或至裸体，广闻而笑曰："名教内自有乐地，何必乃尔。"成都王颖与长沙王乂构难，以忧卒。

其时务为放达者，尚有谢鲲、胡毋辅之、毕卓、王尼、羊曼等，即温峤、庾亮、桓彝等，以功业节概著称者，亦皆好庄、老，务旷达，盖一时之风气然也。

诸家著述传于今者，除王弼之《易注》、《老子注》，郭象之《庄子注》外，又有张湛之《列子注》，此不徒注出张湛，即正文疑亦张氏撼拾旧文，益以己见而成之也。今节录阮籍《达庄论》于下，以见当时务玄谈者之宗旨焉。

……天地生于自然，万物生于天地……自然一体，则万物经其常，入谓之幽，出谓之章，一气盛衰变化而不伤，是以重阴雷电，非异出也，天地日月，非殊物也。故曰：自其异者视之，则肝胆楚越也；自其同者视之，则万物一体也。……故以死生为一贯，是非为一条也。……彼六经之言，分处之教也；庄周之云，致意之辞也。……然后世之好异者，不顾其本，各言我而已矣，何待于彼，残生害性，还为仇敌，断割肢体，不以为痛，目视色而不顾耳之所闻，耳所听而不待心之所思，心欲奔而不适性之所安，故疾痛萌则生意尽，祸乱作则万物残矣。至人者，恬于生而静于死，生恬则情不惑，死静则神不离，故能与阴阳化而不易，从天地变而不移，生究其寿，死循其宜，心平气治，消息不亏……

此即万物毕同毕异，泛爱天地万物一体之说也。

嵇康之《养生论》，殊有理致，今录如下，以见当时养生家之理论，且可窥见其对于物质之思想焉。

世或有谓神仙可以学得，不死可以力致者，或云上寿百二十，古今所同，过此以往，莫非妖妄者，此皆两失其情。试粗论之：夫神仙虽不目见，然记籍所载，前史所传，较而论之，其有必矣。似特受异气禀之自然，非积学所能致也。至于导养得理以尽性命，上获千余岁，下可数百年，可有之耳，而世皆不精，故莫能得之。何以言之，夫服药求汗，或有弗获，而愧情一集，涣然流离，终朝未餐，则嚣然思食，而曾子衔哀，七日不饥，夜分而坐，则低迷思寝；内怀殷忧，则达旦不瞑，劲刷理鬓，醇醴发颜，仅乃得之，壮士之怒，赫然殊观，植发冲冠。由此言之，精神之于形骸，犹国之有君也，神躁于中，而形丧于外，犹君昏于上，国乱于下也。夫为稼于汤，世偏有一溉之功者，虽终归于焦烂，必一溉者后枯，然则一溉之益，固不可诬也。而世常谓一怒不足以侵性，一哀不足以伤身，轻而肆之，是犹不识一溉之益，而望嘉谷于旱苗者也。是以君子知形恃神以立，神须形以存，悟生理之易失，知一过之害生，故修性以保神，安心以全身，爱憎不栖于情，忧喜不留于意，泊然无感，而体气和平。又呼吸吐纳，服食养身，使形神相亲，表里俱济也。夫田种者，一亩十斛，谓之良田，此天下之通称也。不知区种可百余斛，田种一也。至于树养不同，则功败相悬，谓商无十倍之价，农无百斛之望，此守常而不变者也。且豆令人重，榆令人瞑，合欢蠲忿，萱草忘忧，愚智所知也。薰辛害目，豚鱼不养，常世所识也。虱处头而黑，麝食柏而香，颈处险而瘿，齿居晋而黄，推此而言，凡所食之气，蒸性染身，莫不相应，岂惟蒸之使重，而无使轻；害之使暗，而无使明；薰之使黄，而无使坚；芬之使香，而无使延哉？故神农曰：上药养命，中药养性者，诚知性命之理，因辅养以通也。而世人不察，惟五谷是见，声色是耽，目惑玄黄，耳务淫哇，滋味煎其腑脏，醴醪煮其肠胃，香芳腐其骨髓，喜怒悖其正气，思虑消其精神，哀乐殃其平粹。夫以蕞尔之躯，攻之者非一涂，易竭之身，而内外受敌，身非木石，其能久乎？其自用甚者，饮食不节，以生百病，好色不倦，以致乏绝，风寒所灾，百毒所伤，中道夭于众难，世皆知笑，悼谓之不善持生也。至于措身失理，亡之于微，积微成损，积损成衰，从衰得白，从白得老，从老得终，闷若无端，中智以下，谓之自然，纵少觉悟，咸叹恨于所遇之初，而不知慎众险于未兆，是犹桓侯抱将死之疾，而怒扁鹊之先见，以觉痛之日，为受病之始也。害成于微，而救之于著，故有无功之理，驰骋常人之域，故有一切之寿，仰视俯察，莫不皆然，以多自证，以同自慰，谓天地之理，尽此而已矣。纵闻养生之事，则断以所见，谓之不然，其次，狐疑虽少，庶几莫知所由。其次，自力服药，半年一年，劳而未验，志以厌衰，中路复废。或益之以畎浍，而泄之以尾闾，而欲坐望显报者。或抑情忍欲，割弃荣愿，而嗜好常在耳目之前，所希在数十年之后，又恐两失。内怀犹豫，心战于内，物诱于外，交赊相倾，如此复败者。夫至物微妙，可以理知，难以目识，譬犹豫章生七年，然后可觉耳。今以躁竞之心，涉希静之涂，意速而事迟，望近而应远，故莫能相终。夫悠悠者，既以未效不求，而求者以不专丧业，偏恃者以不兼无功，追术者以小道自溺。凡若此类，故欲之者，万无一能成也。善养生者，则不然矣，清虚静泰，少私寡欲，知名位之伤德，故忽而不营非欲而强禁也。识厚味之害性，故弃而弗顾，非贪而后抑也。外物以累心不存，神气以醇泊独著，旷然无忧患，寂然无思虑，又守之以一，养之以和，和理日济，同乎大顺，然后蒸以灵芝，润以醴泉，晞以朝阳，终以五弦，无为自得，体妙心元，忘欢而后乐

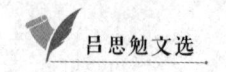

足，遗生而后身存。若此以往，庶可与羡门比寿，王乔争年，何为其无有哉。

清谈之风，自正始至南朝之末，迄未尝绝，当时反对之者，亦有其人。今举其著者如下：

傅玄字休奕，北地泥阳人，晋武帝即位，玄以散骑常侍上疏，谓：

  近者魏武好法术，而天下贵刑名；魏文慕通达，而天下贱守节。其后纲维不摄，而虚无放诞之论，盈于朝野，使天下无复清议。

玄著述甚多，史称其"撰论经国九流，及三史故事，评断得失，各为区例，名为《傅子》，为内外中篇，凡有四部六录，合百四十首，数十万言，并文集百余卷，行于世"。今仅存四库从《永乐大典》辑出之本，残阙已甚。其《贵教篇》谓：

  ……商、韩、孙、吴，知人性之贪得乐进，而不知兼济其善，于是束之以法，要之以功，使天下惟力是恃，惟争是务，恃力务争，至有探汤赴火，而忘其身者，好利之心独用也，怀好利之心，则善端没矣。中国所以常制四夷者，礼义之教行也。失其所以教，则同乎夷矣；失其所以同，则同乎禽兽矣。不惟同乎禽兽，乱将甚矣。何者？禽兽保其性然者也，人以智役力也，以智役力，而无教节，是智巧日用而相残无极也，相残无极，乱熟大焉。

似玄并刑名之学而反对之。然其《通志篇》谓："……有公心，必有公道，有公道，必有公制。""听言必审其本，观事必校其实，观行必考其迹。""夫商贾者……其人甚可贱，而其业不可废，盖众利之所死，而积伪之所生，不可不审察也。"又谓："明君止欲而宽下，急农而缓商，贵本而贱末，朝无蔽贤之臣，市无专利之贾，国无擅山泽之民；一臣蔽贤，则上下之道壅；一商专利，则四方之资困；民擅山泽，则并兼之路开。而上以无常役，下赋物非民所生，而请于商贾，则民财日暴贱，民财暴贱而非常暴贵，非常暴贵则本竭而末盈，末盈本竭而国富民安者，未之有也。"其意实与法家之综核名实为近。《晋书》本传载其上疏欲定制："……通计天下若干人为士，足以副在官之吏；若干人为农，三年足有一年之储；若干人为工，足其器用；若干人为商贾，足以通货……"尤此等整齐严肃之思想之表现也。其《假言篇》谓："天地至神，不能同道而生万物；圣人至能，不能一检而治百姓。故以异政同者，天地之道也。因物制宜者，圣人之治也。既得其道，虽有诡常之变，相害之物，不伤乎治体矣。"其思想亦与道家合。

# 从我学习历史的经过说到现在的学习方法

## 一、少时得益于父母师友

《堡垒》的编者,嘱我撰文字一篇,略述自己学习历史的经过,以资今日青年的借鉴。我的史学本无足道;加以现在治史的方法,和从前不同,即使把我学习的经过都说出来,亦未必于现在的青年有益。所以我将此题分为两橛,先略述我学习的经过,再略谈现在学习的方法。

我和史学发生关系,还远在八岁的时候。我自能读书颇早,这一年,先母程夫人始取《纲鉴正史约编》,为我讲解。先母无暇时,先姊颁宜(讳永萱)亦曾为我讲解过。约讲至楚汉之际,我说我自己会看了,于是日读数页。约读至唐初,而从同邑魏少泉(景征)先生读书。先生命我点读《纲鉴易知录》,《约编》就没有再看下去。《易知录》是点读完毕的。十四岁,值戊戌变法之年,此时我已能作应举文字。八股既废,先师族兄少木(讳景栅)命我点读《通鉴辑览》,约半年而毕。当中日战时,我已读过徐继畬的《瀛环志略》,并翻阅过魏默深的《海国图志》,该两书中均无德意志之名,所以竟不能知德国所在,由今思之,真觉得可笑了。是年,始得邹沅帆的《五洲列国图》,读日本冈本监辅的《万国史记》,蔡尔康所译《泰西新史揽要》,及王韬的《普法战纪》;黄公度的《日本国志》则读而未完,是为我略知世界史之始。明年,出应小试,侥幸入学。先考誉千府君对我说:"你以后要多读些书,不该竞竞于文字之末了。"我于是又读《通鉴》、毕沅的《续通鉴》和陈克家的《明纪》，此时我读书最勤，读此三书时，一日能尽十四卷，当时茫无所知，不过读过一遍而已。曾以此质诸先辈，先辈说："初读书时，总是如此，读者是要自己读出门径来的，你读过两三千卷书，自然自己觉得有把握，有门径。初读书时，你须记得《曾文正公家书》里的话'读书如略地，但求其速，勿求其精'。"我谨受其教，读书不求甚解，亦不求记得，不过读过就算而已。十七岁，始与表兄管达如（联第）相见，达如为吾邑名宿谢锺英先生之弟子，因此得交先生之子利恒（观），间接得闻先生之绪论。先生以考证著名，尤长于地理，然间接得先生之益的，却不在其考证，而在其论事的深刻。我后来读史，颇能将当世之事，与历史上之事实互勘，而不为表面的记载所囿，其根基实植于此时。至于后来，则读章太炎、严几道两先生的译著，受其启发亦非浅。当世之所以称严先生者为译述，称章先生为经学，为小学，为文学，以吾观之，均不若其议论能力求核实之可贵。

苏常一带读书人家，本有一教子弟读书之法，系于其初能读书时，使其阅《四库全书书目提要》一过，使其知天下（当时之所谓天下）共有学问若干种，每种的源流派别如何，重要的书，共有几部，实不啻于读书之前，使其泛览一部学术史，于治学颇有裨益。此项功夫，我在十六七岁时亦做过，经史子三部都读完，惟集部仅读一半。我的学问，所以不至十分固陋，于此亦颇有关系（此项工夫，现在的学生，亦仍可做，随意浏览，一暑假中可毕）。

十七岁这一年，又始识同邑丁桂征（同绍）先生。先生之妻为予母之从姊。先生为经学名家，于小学尤精熟，问以一字，随手检出《说文》和《说文》以后的字书，比我们查字典还要快。是时吾卿有一个龙城书院，分课经籍舆地、天算、词章。我有一天，做了一篇讲经学上的考据文字，拿去请教先生，先生指出我对于经学许多外行之处，因为我略讲经学门径，每劝我读《说文》及注疏。我听了先生的话，乃把《段注说文》阅读一过，又把《十三经注疏》

亦阅读一过，后来治古史略知运用材料之法，植基于此。

## 二、我学习历史的经过

我少时所得于父母师友的，略如上述，然只在方法方面；至于学问宗旨，则反以受漠不相识的康南海先生的影响为最深，而梁任公先生次之。这大约是性情相近之故罢？我的感情是强烈的，而我的见解亦尚通达，所以于两先生的议论，最为投契。我所希望的是世界大同，而我亦确信世界大同之可致，这种见解，实植根于髫年读康先生的著作时，至今未变。至于论事，则极服膺梁先生，而康先生的上书记（康先生上书，共有七次：第一至第四书合刻一本，第五第七，各刻一本，惟第六书未曾刊行），我亦受其影响甚深。当时的风气，是没有现在分门别类的科学的，一切政治上社会上的问题，读书的人都该晓得一个大概，这即是当时的所谓"经济之学"。我的性质亦是喜欢走这一路的，时时翻阅《经世文编》一类的书，苦于掌故源流不甚明白。十八岁，我的姨丈管凌云（讳元善）先生，即达如君之父，和汤蛰仙（寿潜）先生同事，得其所著《三通考辑要》，劝我阅读。我读过一两卷，大喜，因又求得《通考》原本，和《辑要》对读，以《辑要》为未足，乃舍《辑要》而读原本。后来又把《通典》和《通考》对读，并读过《通志》的二十略。此于我的史学，亦极有关系。人家都说我治史喜欢讲考据，其实我是喜欢讲政治和社会各问题的，不过现在各种社会科学，都极精深，我都是外行，不敢乱谈，所以只好讲讲考据罢了。

年二十一岁，同邑屠敬山（寄）先生在读书阅报社讲元史，我亦曾往听，先生为元史专家，考据极精细，我后来好谈民族问题，导源于此。

我读正史，始于十五岁时，初取《史记》，照归、方评点，用五色笔照录一次，后又向丁桂征先生借得前后《汉书》评本，照录一过。《三国志》则未得评本，仅自己点读一过，都是当作文章读的，于史学无甚裨益。我此时并读《古文辞类纂》和王先谦的《续古文辞类纂》，对于其圈点，相契甚深。我于古文，虽未致力，然亦略知门径，其根基实植于十五岁、十六岁两年读此数书时。所以我觉得要治古典主义文学的人，对于前人良好的圈点，是相需颇殷的。古文评本颇多，然十之八九，大率俗陋，都是从前做八股文字的眼光，天分平常的人，一入其中，即终身不能自拔。如得良好的圈点，用心研究，自可把此等俗见，祛除净尽，这是枝节，现且不谈。四史读过之后，我又读《晋书》、《南史》、《北史》、《新唐书》、《新五代史》，亦如其读正续《通鉴》及《明纪》然，仅过目一次而已。听屠先生讲后，始读辽、金、元史，并将其余诸史补读。第一次读遍，系在二十三岁时，正史是最零碎的，匆匆读过，并不能有所得，后来用到时，又不能不重读。人家说我正史读过遍数很多，其实不然，我于四史，《史记》、《汉书》、《三国志》读得最多，都曾读过四遍，《后汉书》、《新唐书》、《辽史》、《金史》、《元史》三遍，其余都只两遍而已。

我治史的好讲考据，受《日知录》、《廿二史札记》两部书，和梁任公先生在杂志中发表的论文，影响最深。章太炎先生的文字，于我亦有相当影响；亲炙而受其益的，则为丁桂征、屠敬山两先生。考据并不甚难，当你相当的看过前人之作，而自己读史又要去推求某一事件的真相时，只要你肯下功夫去搜集材料，材料搜集齐全时，排比起来，自然可得一结论。但是对于群书的源流和体例，须有常识。又什么事件，其中是有问题的，值得考据，需要考据，则是由于你的眼光而决定的。眼光一半由于天资，一半亦由于学力。涉猎的书多了，自然读一种书时，容易觉得有问题，所以讲学问，根基总要相当的广阔，而考据成绩的好坏，并不在于考据的本身。最要不得的，是现在学校中普通做论文的方法，随意找一个题目，甚而至于是人家所出的题目。自己对于这个题目，本无兴趣，自亦不知其意义，材料究在何处，亦茫然不知，于是乎请教先生，而先生亦是一知半解的，好的还会举出几部书名来，差一点的则不过以类书或近人的著作塞责而已（以类书为线索，原未始不可，若径据类书撰述，就是笑话了）。不该不备，既无特见，亦无体例，聚集钞撮，不过做一次高等的钞胥工作。做出来的论文，既不成其为一物，而做过一次，于研究方法，亦毫无所得，小之则浪费笔墨，大之则误以为所谓学问，所谓著述，就是如此而已，则其贻害之巨，有不胜言者已。此亦是枝节，搁过不谈（此等弊病，非但中国如此，即外国亦然）。

### 三、社会科学是史学的根基

我学习历史的经过，大略如此，现在的人，自无从再走这一条路。史学是说明社会之所以然的，即说明现在的社会，为什么成为这个样子。对于现在社会的成因，既然明白，据以猜测未来，自然可有几分用处了。社会的方面很多，从事于观察的，便是各种社会科学。前人的记载，只是一大堆材料。我们必先知观察之法，然后对于其事，乃觉有意义，所以各种社会科学，实在是史学的根基，尤其是社会学。因为社会是整个的，所以分为各种社会科学，不过因一人的能力有限，分从各方面观察，并非其事各不相干，所以不可不有一个综合的观察。综合的观察，就是社会学了。我尝觉得中学以下的讲授历史，并无多大用处。历史的可贵，并不在于其记得许多事实，而在其能据此事实，以说明社会进化的真相，非中学学生所能；若其结论系由教师授与，则与非授历史何异？所以我颇主张中等学校以下的历史改授社会学，而以历史为注脚，到大学以上，再行讲授历史。此意在战前，曾在《江苏教育》上发表过，未能引起人们的注意。然我总觉得略知社会学的匡廓，该在治史之先。至于各种社会科学，虽非整个的，不足以揽其全，亦不可以忽视。为什么呢？大凡一个读书的人，对于现社会，总是觉得不满足的，尤其是社会科学家，他必先对于现状，觉得不满，然后要求改革；要求改革，然后要想法子；要想法子，然后要研究学问。若其对于现状，本不知其为好为坏，因而没有改革的思想，又或明知其不好，而只想在现状之下，求个苟安，或者捞摸些好处，因而没有改革的志愿；那还讲做学问干什么？所以对于现状的不满，乃是治学问者，尤其是治社会科学者真正的动机。此等愿望，诚然是社会进步的根原；然欲遂行改革，非徒有热情，便可济事，必须有适当的手段；而这个适当的手段，就是从社会科学里来的。社会的体段太大了，不像一件简单的物事，显豁呈露地摆在我们面前，其中深曲隐蔽之处很多，非经现代的科学家，用科学方法，仔细搜罗，我们根本还不知道有这回事，即使觉得有某项问题，亦不会知其症结之所在。因而我们想出来的对治的方法，总像斯宾塞在《群学肄言》里所说的"看见一个铜盘，正面凹了，就想在其反面凸出处打击一下，自以为对证发药，而不知其结果只有更坏"。发行一种货币，没有人肯使用，就想用武力压迫，就是这种见解最浅显的一个例子。其余类此之事还很多，不胜枚举，而亦不必枚举。然则没有科学上的常识，读了历史上一大堆事实的记载，又有何意义呢？不又像我又前读书，只是读过一遍，毫无心得了么？所以治史而能以社会科学为根柢，至少可以比我少花两三年功夫，而早得一些门径。这是现在治史学的第一要义，不可目为迂腐而忽之。

　　对于社会科学，既有门径，即可进而读史，第一步，宜就近人所著的书，拣几种略读，除本国史外，世界各国的历史，亦须有一个相当的认识；因为现代的历史，真正是世界史了，任何一国的事实，都不能撇开他国而说明。既然要以彼国之事，来说明此国之事，则对于彼国既往之情形，亦非知道大概不可。况且人类社会的状态，总是大同小异的：其异乃由于环境之殊，此如夏葛而冬裘，正因其事实之异，而弥见其原理之同。治社会科学者最怕的是严几道所说的"国拘"，视自己社会的风俗制度为天经地义，以为只得如此，至少以为如此最好。此正是现在治各种学问的人所应当打破的成见，而广知各国的历史，则正是所以打破此等成见的，何况各

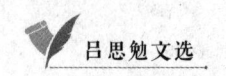

国的历史，还可以互相比较呢？

## 四、职业青年的治家环境

专治外国史，现在的中国，似乎还无此环境。如欲精治中国史，则单读近人的著述，还嫌不够，因为近人的著述，还很少能使人完全满意的，况且读史原宜多觅原料。不过学问的观点，随时而异，昔人所欲知的，未必是今人所欲知，今人所欲知的，自亦未必是昔人所欲知。因此，昔人著述中所提出的，或于我们为无益，而我们所欲知的，昔人或又未尝提及。居于今日而言历史，其严格的意义，自当用现代的眼光，供给人以现代的知识，否则虽卷帙浩繁，亦只可称为史料而已。中国人每喜以史籍之丰富自夸，其实以今日之眼光衡之，亦只可称为史料丰富。史料丰富，自然能给专门的史学家以用武之地，若用来当历史读，未免有些不经济，而且觉得不适合。但是现在还只有此等书，那也叫做没法，我们初读的时候，就不得不多费些功夫。于此，昔人所谓"门径是自己读出来的""读书之初，不求精详，只求捷速""读书如略地，非如攻城"等等说法，仍有相当的价值。阅读之初，仍宜以编年史为首务，就《通鉴》一类的书中，任择一种，用走马看花之法，匆匆阅读一过。此但所以求知各时代的大势，不必过求精细。做这一步工夫时，最好于历史地理，能够知道一个大概，这一门学问，现在亦尚无适当之书，可取《方舆纪要》，读其全书的总论和各省各府的总论。读时须取一种历史地图翻看。这一步工夫既做过，宜取《三通考》，读其田赋、钱币、户口、职役、征榷、市籴、土贡、国用、选举、学校、职官、兵、刑十三门。历史的根柢是社会，单知道攻战相杀的事，是不够的，即政治制度，亦系表面的设施。政令的起原（即何以有此政令），及其结果（即其行与不行，行之而为好为坏），其原因总还在于社会，非了解社会情形，对于一切史事，可说都不能真实了解的。从前的史籍，对于社会情形的记述，大觉阙乏。虽然我们今日，仍可从各方面去搜剔出来，然而这是专门研究的事，在研究之初，不能不略知大概。这在旧时的史籍中，惟有叙述典章制度时，透露得最多。所以这一步工夫，于治史亦殊切要。此两步工夫都已做过，自己必已有些把握，其余一切史书，可以随意择读了。正史材料，太觉零碎，非已有主见的人，读之实不易得益，所以不必早读。但在既有把握之后读之，则其中可资取材之处正多。正史之所以流传至今，始终被认为正史者，即由其所包者广，他书不能代替之故。但我们之于史事，总只能注意若干门，必不能无所不包。读正史时，若能就我们所愿研究的事情，留意采取，其余则只当走马看花，随读随放过，自不虑其茫无津涯了。

考据的方法，前文业经略说，此中惟古史最难。因为和经子都有关涉，须略知古书门径，此须别为专篇，乃能详论非此处所能具陈。

学问的门径，所能指出的，不过是第一步。过此以往，就各有各的宗旨，各有各的路径了。我是一个专门读书的人，读书的工夫，或者比一般人多些，然因未得门径，绕掉的圈儿，亦属不少。现在讲门径的书多了，又有各种新兴的科学为辅助，较诸从前，可事半功倍。况且学问在空间，不在纸上，读书是要知道宇宙间的现象，就是书上所说的事情；而书上所说的事情，也要把它转化成眼前所见的事情。如此，则书本的记载，和阅历所得，合同而化，才是真正的学问。昔人所谓"世事洞明皆学问，人情练达即文章"，其中确有至理。知此理，则阅历所及，随处可与所治的学问相发明，正不必兢兢于故纸堆中讨生活了。所以职业青年治学的环境，未必较专门读书的青年为坏，此义尤今日所不可不知。

## 年节与岁首

"分明昨夜灯犹在,忽被人呼作去年。"(陆放翁诗。)一样的一个日子,一经定为节日,人心上就觉得有些不同,这是什么原故呢?

诸位总还有读过《论语》的,《论语》上有一句:"颜渊问为邦。"为邦就是治国。孔子在积极方面,答覆他四句,第一句是"行夏之时"。所谓行夏之时,就是把旧历的正月,定为正月,算做一年的开始。这个在历法上谓之建寅。古代的历法,还有把旧历的十一月算正月的,谓之建子;把十二月算正月的,谓之建丑;都是孔子所不取的。后世遵从孔子的遗教,汉武帝太初元年,定以建寅之月为正月,其时还在西历纪元前一百零四年,下距民国纪元二千零十五年了。把哪个月定做正月,究竟有什么关系?孔子要看得如此郑重呢?

人们做事情,总要把它分做若干段落。到一个段落告终,又一个段落开始,就要把旧的事情,结束一番;新的事情,预备一番;其间则休息几天。如此,做起新的事情来,才会有精神,有计划;而当这新旧交界之间,就觉得有一番新气象。这种段落,有的纯出于人为,有的则是自然所规定的。大抵一切事情,都可由人随意制定,只是农业,不能不受季节的支配。中国很早就是个农业国。全国中大多数人,都是以农为业,而政治上,社会上一切事务,也是要随着农业的季节而进行的。在农业上,把旧的事情,一切结束完毕,再将新的事情,略行预备,而于期间休息若干天,这在建丑、建寅两个月之间,最为相宜,所以孔子要主张行夏之时。《礼记》

里有一篇《月令》，《吕氏春秋》里有十二篇《十二纪》，《淮南子》里有一篇《时则训》。这三种书，大同小异，其根源就是一个。内容是（一）规定某月当行某项政令，（二）又规定某月不可行某项政令，仿佛学校里的校历一般。我们现在将学校里规定一学年中行政事项的表，称为校历，则这三种书，可以称为政历。学校里，倘使不照校历行政，当春秋温和之日，放起假来；冬夏寒暑之时，反而开学，岂非很不适宜？那么，一国的行政而凌乱失序，其贻害就更大了（如当农时而筑城郭、宫室；修理堤防，通达沟渎，不在雨季之类）。所以孔子要主张"行夏之时"，而"行夏之时"这一句话，其内容所包括者甚广。故从前人们每到新年，总觉得有一番欣欣向荣的新气象，并不是什么无意识的举动，贪着新年好玩，而是如前所说，在做事情的段落上，是需要一个结束，一个预备，和中间若干天的休息，而这段落的定在这时候，是确有其理由的。

孤岛拘囚，转瞬两年了。每当正月，再也看不见旧时所谓年景。老实说：在工商社会里，年和节，是没有多大意义的。因为人们休息不到几天。而且在工商社会里的人，是真正赤贫的。什么叫做赤贫呢？赤就是精光的意思，就是一点都没有了。在辞类中，也说是一贫如洗。真正把人们的东西搜括得精光的，不是天灾，也不是人们所看着惊心动魄的人祸。这些，都不能把人们的所有搜括得精光的。真正把人们的所有搜括得精光的，是资本。你如不信，请你留心观察。我们走到远离都市的乡下人家，看得他很苦，可是他家里，总拿得出一些东西来，什么糕啊！饼啊！团子啊！为过年而做的菜啊！甚而至于家酿的酒啊！这是我们在旧式的村镇上，或者小城市里，访问亲戚时，所常常吃到的。在大城市或大都会里，你试去访问一个中等的薪给者之家。他家里有什么东西呢？要是检查比较起来，一定不如一个乡下农民家里的丰富。这些都到什么地方去了呢？不是天灾把它消灭了，也不是人祸把它抢去的，倒是有

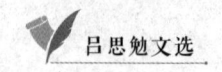

着极和蔼的面目的交换，把你所有的，都搜刮去了。你不见现在的市廛上，五光十色，充满了劣货么？谁觉得它有前线上血飞肉搏的可怕？谁知道它的可怕反甚于血飞肉搏，而人们所以往往要血飞肉搏，正是为着交换上的利益呢？交换的起原，难道是如此的吗？作始也简，将毕也巨，人们做一件事情，往往不察实情，只是照着老样子做，事情的内容，早已改变了，而做法还是一样，到后来，就要控制不住这件事情，而这件事情，反像怒涛一般，把人们卷入其中，莫能自主了。一切制度，都是人为着控制事情而设立的，到后来，人反被制度控制了，就是为此。

还记得我在儿童时代，每遇新年，总是欢天喜地的。穿新衣啊！吃啊！玩啊！在隔年，只恨新年到来得迟；开了年，又恨新年过去得快。丝毫不知道愁苦。在青年时代，也还保存着这种豪兴，那时候，看见家里的大人，遇到年节，不以为乐，反有点厌倦的意思，全然不能了解。到成年之后，家计上身，就渐渐踏上前辈的旧路了。做糕团啊！做过年的菜啊！到亲戚家里去贺年啊！送礼物啊！给小孩子压岁钱啊！给佣人赏钱啊！在在须钱，而且事事费力，总而言之，就是"劳民伤财"四个字。如此几个年过过来，自己也不免觉得有些厌倦了。难道过年的初意，是这样的吗？我们的老祖宗，都是乡下人。我们现在过年过节的风俗，都还是农村上带来的，农村上的生活，远不如普通城市里的紧张，更无论大都会了。那时候，我们有的是工夫，有的是精力，亲戚朋友，得暇正要去看看他们呢，正盼望着他们来呢。交际酬酢之间，真意多而虚文少，何至以酬应为苦！农家所有的东西，还没给商人搜括净尽。家里有的是材料，娘们有的是工夫和精力，趁这岁晚余闲，做些菜，做些点心，何妨大家乐一乐。在这种风俗，照新说法也可以唤做制度，创始的时候，原是和环境很适合的。到我们迁居城市之中，甚而至于现代的大都会之中，就面目全非了，新环境不能适用于旧制度，正和身体长大了，不能再着小时候的衣服一般。然而人，为什么拘守着旧制度，反做了制度的奴隶，以致自寻烦恼呢？因此想起来，我们的老祖宗，住在农村上；喝没有自来水——那时候，原用不着自来水的。农村倘使靠近大河，临流而汲，原很清洁，如其不然，凿井而饮，因为居人的稀少，井泉稀少，也不会污秽的。走没有马路，那时候，原用不着马路的，因为没有摩托卡，也没有马车，旧式的街道，也尽够独轮车走了。然则一切事物，我们现在觉得不适宜的，当其起原的时候，都是很适宜的，病只在于我们的守旧而不知变。我们为什么不知道审察环境，以定办法，而凡事只会照着老样子做呢？我们几时才能以理智驾驭事物，而不做事物的奴隶呢？这是一个文化的大转变。其责任，就都在青年身上。

在过年的时节，有的是玩。玩的是些什么，列举是列举不尽的，我们只能总括的就其性质上说。《孟子》上有一句"博奕好饮酒"。我想这正可以代表玩的分类。

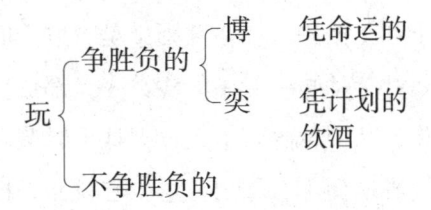

玩 { 争胜负的 { 博 凭命运的 / 奕 凭计划的 / 饮酒 } 不争胜负的 }

博奕饮酒，虽然是玩的事，可是做正事的性质，也不外乎此。我们做事，有些事，成败是无从预料的，只是尽人事以待天命，这是博的一类。有些是多少可以人力控制的，这是奕的一类。浅而言之，似乎奕远优于博。然而世界上的事，不能以人力控制的居多。即能以人力控制的，其可控制的成分，亦远不如奕。倘使我们做事，件件都要计出万全而后动，那就无一事可做了。然而在能以人力控制的范围中，我们总还要谋定而后动。所以我们作事，该用下棋的手段，又要有赌博的精神。赌博的精神，是被世界上的人看作最坏的精神的。我现在加以提倡，一定要引起人们的误会。然而赌博的精神，本不是坏的。坏的是赌博的行为。赌博的行为，是借此夺取财物的，所以为人们所鄙视。谁使你将可宝贵的、值得歌颂的赌博精神，用之于夺取财物呢？真正的赌博精神，不计一己的成败，毅然决然，和强大的势力斗争，这真是可宝贵的，值得歌颂的。把这种精神，用之于夺取财物，正和有当兵条件的人，不当兵而做强盗；有优裕武力的国，不用之于义战，而用之于侵略一样。

现在所过的是新历的年，新历虽已颁行了已经二十八年，人民过新历的年，总还不如过旧历年来得起劲而有兴味。这是无怪其然的。因为中国是个农业国，在农业上，把旧的事情做一个结束，新的事情做一个预备，其时节，在新历的岁尾年头，确不如旧历的岁尾年头为适宜。且如商人，做了一年卖买，总要把账目结束一下，然后可算告一段落。内地大多数的商店，虽然开设在城市，其众多的主顾，实在农村。各小城镇商店的结账，要在农村收获，把谷粜出了以后。各大都会商店的结账，又在各小城镇的商店结账以后。如此，也非到旧历的岁尾年头不可了。所以四民之中，真正不受季节的支配的，只有士和工两种人，在全国中是少数（旧式的工人，都兼营农业）。人是社会动物，看了大多数人，都在什么时候结束旧事情，预备新工作，从中休息若干天，把这个时节算做办事情的一个段落，自会受其影响而不自知的。这也有益而无损。在未行新历之前，学校每于旧历的岁尾年头，放若干天年假。新历颁行以后，觉得名实不符了；在国民政府统一以后，且为法令所干涉；于是改其名曰寒假。有些地方，还有寒假其名，年假其实的；有些地方，则真正把寒假和年假分开，旧历的岁尾年头在开学；然而仍为人情所不乐；即教育家，也有说："旧时的年假，使乡村人家在城市中读书的孩子，在这时候，回去看看他们的父母亲，练习社交的礼节，知道些社会上的风俗，是有极大的意义的。"历法的改革在于去掉三年一闰的不整齐；在于和世界各国可以从同，便于记忆，省得计算；我也赞成。但是政令上所定的岁首，根本上用不到强迫人民视为办事的一个段落。相传中国古代，建正之法，本有三种：一种是建子，据说是周朝所行。一种是建丑，据说是商朝所行。一种是建寅，据说是夏朝所行。然而《周书》的周月解，有这么几句话："亦越我周王，致伐于商。改正异械，以垂三统，至于敬授民时，巡狩祭享，犹自夏焉。"通三统，不过是后来的学说（儒家认为夏商周各有其治法，应循环选用的，即夏尚忠，继之以殷尚质，再继之以周尚文，而仍返于夏尚忠。所以依儒家之说：一代的王者，当封前两朝的王者之后以大国，使之保存其治法，以备更迭取用，二王之后，仍得行前代的正朔的）。事实上，大约在古代，夏商周三个部族，是各有其历法的。后来三族渐次相同化。因为建子、建丑，不如建寅的适宜。于是在国家的典礼上，虽然多带守旧的性质，不能骤变，而在民间的习惯上，则这一点，渐次和夏族同化了。于此，可见国家所定的岁首，能和社会作事的段落相合固好，即使不然，也不要紧。正不必强迫人民，定要把这个时候，作为新旧交替的界限。况且古代，国家的地方小，全国的气候，比较一律。民间作事的段落，其时间，自然也可以画一了。后世疆域广大，各地方的气候不同，就根本不能一致，当此情形之下，自没有强行整齐的必要。所以我的意思：国家所建的正，和人民所过的年节，在古代可合而为一，在后世必须分而为二。这是世事由简单而趋复杂，不得不然的。十年以前，强迫学校每当旧历的年关不许放假；商店在旧历的年关不许停业；人民在旧历的年关不许放爆竹、行祝贺等；根本是不必要的干涉。我在当时曾经说：把年节公然和岁首分开，定在新历的二月一日，就容易推行了。曾把此意问过二十多个大学生，没有一个以为然的，而他们也并说不出什么理由来。廖季平先生的见解自然是近于守旧的，不能解决现代问题，然而他有一个议论，说："全地球的历法，应当依气候带而分为好几种，不当用一种。"这种思想，却甚合理。这一议论，说他做什么呢？难道在今日，还有工夫来争年节该定在什么时候么？不是的，我说这一番话，是表示一个人的见解要宏通。一件事，关涉的方面多着呢！内容复杂得很呢！一个人哪里能尽知？所以在平时，要尽

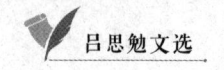

力研求；在临事之时，要虚心访问，容纳他人的意见。如此，才可以博闻而寡过。在政令干涉人民用旧历之时，有一个手持历本，在火车站上叫买的小贩，叹息说："现在老法的历本被禁，连贩卖历本的生意也难做了。"旁边一个人问他："你看还是老法历本好？还是新法历本好？"贩卖历本的人说："自然是老法历本好。"旁边一个少年，怒目而视道："为什么老法历本好？你怎会知道？"眼光盯牢这贩卖的人久久。这个少年的意思，是真诚的，然其愚可悯了。他竟认为禁绝旧历，推行新历，对于国家社会，真有很大的关系。一个人怀挟着这种意见，固然不要紧。然而社会上这种浅虑的人多了，就要生出许多无谓的纷扰来。无谓的纷扰多，该集中精力办的事，反因之而松懈了。所以凡事不可不虚心，不可太任气。偶因新年，回忆所及，述之以为今日之青年告。

# 论文史

## 一

近来刘大杰先生写信给我，颇叹息青年肯留意于文史者太少，这确亦是一个问题。

文学，即旧日所谓辞章之学，讲朴学和经世之学的人，本都有些瞧它不起，以为浮华无实。这也不免于一偏，但他们不过不愿意尽力于文学而已，对于旧书的文义，是能够切实了解的，但现在就很难说了。还记得二十余年前，章行严先生说过一句话：现在的文字，只要风格两样一些，就没有人能懂得了。这句话，确使人闻之痛心。

所谓风格，直接些说，就是俗话所谓神气。我们对于一个人的意思的了解，不但是听他说话，还要领略他的声音笑貌等等，文字就是语言的扩大，然这些辅助的条件都没有了，所以其了解要难些。然于文字不能确实了解，即不能得作者的真意。所以要了解旧书，旧文学不能没有相当的程度。

对于旧书，喜新的人，或者以为不值得留意。但它毕竟是材料的一部分；比外国的材料，还要亲切些，这如何能够不留意呢？

## 二

说到本国的材料，比来自外国的要亲切一些，就可因文而及于史了。我现在且随意举几个例，如：（一）外国人有肯挺身作证的风气，所以其定案不一定要用口供，中国就颇难说了。任何罪案，在团体较小，风气诚朴，又法律即本于习惯之时，罪名的有无

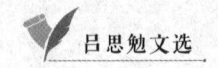

轻重，本来可取决于公议。《礼记·王制》篇说"疑狱氾与众共之"，还是这种制度的一个遗迹。外国大概和这风气相去还近，所以能有陪审制度，中国又较难说了。举此两端，即可见中国研究法学的人，不能但凭外国材料。（二）又如农民，大都缺乏资本，不能无藉于借贷。王安石的青苗法，现在大家都知道其立意之善了，然其办法不甚合宜，也是不能为讳的。其最大的病根，即在以州县主其事。人民与官不亲，本金遂借不出去，而官吏又欲以多放为功，遂至弊窦丛生。现在的农贷，主其事者为农民银行，与其人民隔绝，自不致如地方官之甚，然其于地方情形的不熟悉，亦与官吏相去无几，至少在它初办时是如此，然亦欲以多放为功，就有土豪劣绅，蒙蔽银行，伪组合作社，以低利借进，以高利转借给农民等的弊窦了。它如现在的游击队，固然和从前的团练不同物，然其理亦未尝无相通之处。又如复员，战士或者要归耕，其事亦非今日始有。此等处，本国已往的情形，亦必较外国的材料，更为亲切。大家都知道研究外国学问，不可不先通其语文，如何研究中国材料，对于本国文字，反而不求甚解呢？

三

文字是要经长久使用，然后才会精深的，这是因为语言和文化，每相伴而发达。金世宗是民族成见最深的人，他不愿女真人和中国同化，于是竭力提倡女真文字，以之开科，以之设学。然他深病女真文字，不如中国的精深，曾以此意问其臣下。有一个对道："再多用些时候，自然要精深些。"这话亦颇含真理。从前有个学生留学德国，一次有个德国人问他道："你看法文与德文孰难？"他说："法文似乎要难些。"这个德国人大为不悦，和他力辩，说德文并不容易，这事见于二十年前《时报》的欧洲通信上。此时语体文初兴，这位通讯员说："现在一班人，还敢以艰深为中国文字之病么？"案文字要求通俗易解，亦自有一种道理，这位通讯员的话，也未免于一偏。然要通俗易解是一事，要传达精深的学术，亦是一事，这位通讯员的话，亦代表一方面的真理。

要研究中国学问，必须要看古书，这和要研究外国学问，必须读其名家专著一样，单读些近来人所著的书籍，是无用的。因为著书者必有其所悬拟的读者。近人所著的书，非不条理明备，语言朗畅，而且都站在现在的立场上说话，绝无背时之病。然其所悬拟的读者，大都是普通人，其标准较低，极精深的见解，不知不觉，遂被删弃。终身读此等书，遂无由和最大的思想家最高的思想接触。若昔人所著的书，但求藏之名山，传之其人者，则多并不求普通人的了解，所以其内容虽极驳杂，而精深处自不可掩。这亦是治中国学问者对于本国文字不能不有相当程度的原因。

文史本是两种学问。但在今日研究史学，而欲求材料于中国的旧史，则和文学关系殊深。这原不是史学一门，一切学问，要利用中国的旧材料，都是如此的。但是史部中材料特别多，所以其关系也更密切罢了。

## 新旧文学之研究

　　此为鄙人评改文字之评语，今投入本校周刊，以供大众之研究。

　　近人竞言新文学，而仆有怀疑者焉。既曰新，则必有以异于旧，然今之所谓新文学者，其异于旧之处安在乎？白话文非吾国所固有乎（不特《水浒》、《红楼梦》等小说，必不能译成文言也，即官中文告，民间"劝善"之书，亦间有用白话者）？

　　然则所谓新文学者，果何谓乎？予谓文学者，一种美的制作品也（美术之一），心有美感，以言语（包括文字）为形式而表现之，是曰文学美感，人人所有也。今之识字能操笔为文者，固有美感矣。不能识字，不能操笔为文者，独无美感乎？其美感独不可以言语表示之乎？夫此等言语，笔之于书，即美文也。然而今竟不能，何以故？曰：由今者笔之于书，则不用今语而用古语故。夫笔之于书，则不用今语而用古语，则今人之美感，用言语表见之者，必翻成古语，然后能笔之于书矣。请问今人之言语，果能尽行翻成古语乎？曰：必不能。何以故？曰：今语若尽能翻成古语，则今古语意义同府。则今语即古语，则古语不变为今语矣（今之偏执文言者，每谓俗语能达之意，文言亦无不能达。请问俗语中之"桌子"、"杌子"，文言文中以"几"、"席"字代之，今有甲乙拌嘴，乙提起杌子，将甲打死，可云"以席击杀之"乎？偏执白话者，又谓文言之意，俗语无不可达，请问昆曲中之"欲乘秦凤共翱翔，又恐巫山还是梦乡"可翻作"我很想同你结婚，不知能否办到乎"？姑勿论其美不美，其意义对不对乎？即舞台中之"走青山，望白云，家乡何在？"又如何翻法乎）。然则数千年来，因不能操古语故，其美感之不能表见之以文字，而不传于后者众矣。然则今者文体改用白话，是使向者具有美感，徒因不通古语故，遂不能表之以文字，以行远而传后者，今后将悉可以行远而传后也。然则白话者，所以使向者未曾成为制作品之文学，成为制作品者也。故曰：白话者，创造新文学之工具也。然今之作白话文者，其思想犹向者通文言之人之思想也。以是为白话文，不过改之乎……为什么……而已。向者"不通文字其美感永未能成为文学制品之人"之美感，固未能表见之于文字也（因社会有阶级，故通文言之人，与此等人全不接近，有时作文，描写下层社会之状况，抑或述说下层社会中人之思想。然所谓状况者，上层社会中人目中之下层社会状况，所谓思想者，上层社会中人臆度而得之下层社会中人的思想，非真下层社会中人心目中所有也。于此亦见中国文学有注重"写实主义"之必要）。今之白话文，仆固未能遍读，然虑无不如此者，然则径以今日之白话文为新文学者非也。

　　然则今后之趋势当如何？曰：一方仍以文言为基础，但去其（一）太陈旧，不合今人之思想者，（二）去其专事涂泽（即专用古语砌成）而无真意者；力求与今人之思想言语接近，是为"文言的白话化"，亦即"贵族文学的平民化"，一方以口语为基础，出之于口，即笔之于书，是为"纯粹的白话文"，而口语应自行修饰，同时亦应采用文言之长（如混用文言词句，及采用其语法等）。是为"白话的文言化"亦即"平民文学的贵族化"，两者同时并进，并可参用外国语以附益之，是为"国语的世界化"。如是者，旁薄郁积，万流齐汇，及其结果，而新文学出焉。"人人有士君子之行"一语，中国人传为美谈，其中固亦含有一方面之真理，然实阶级的偏狭之语。果如所言，则但须"平民的贵族化"不须

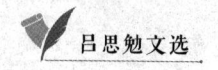

"贵族的平民化"矣。其实两者各有短长,正宜取人之长,去己之短,而非取人之长,不能去己之短,"平民文学的贵族化"、"贵族文学的平民化"两者宜同时并行。

## 文学批评之标准

孔子曰："道二，仁与不仁而已矣。"斯言也，实评判一切事物之标准也。

夫文之别亦多矣：有韵文焉，有无韵之文焉。韵文之中，诗与词不同，词与曲又异，此体制之别也。无韵之文，始而奇偶相生，继乃析为骈、散。同一骈文也，而齐、梁与汉、魏殊科；同一散文也，而唐、宋与周、秦异致；此时代之别也。至若匡、刘、贾、晁，神理攸殊；韩、杜、王、孟，性情各异，此则为文者之个性，千差万别，累百世而不相袭者也。自来治文字者，亦因其个性，而好尚各有不同。然文之美者，无间于其体制、时代，若作者之个性，而卒不得不同谓人为美，是则此等不废江河万古流之文字，其中必有一同点存焉。同点惟何？美是已。美之质惟何？仁是已。

人生而有乐群之性；故凡有利于其群者，众必同善之；善之，斯好之矣。有害于其群者，必同不善之；不善之；斯恶之矣。好恶，美恶之原也；利害，好恶之本也；有利于群抑有害于群，昔人论文之说，汗牛充栋，或则一时兴到之言，或者偏端触悟之语，多无当于论文之本原。近今论事，多取科学方法，分条析缕，探本穷源，善矣。然夷考其说，实亦就枝叶研讨之辞为多，而真能穷其本原者少，是则文学评论，就未能有一简单直截之标准，使人人知此为第一义谛；必有此，然后他事乃有可论，不则本实先拨，余皆无所附丽矣。此条件诚不可不从事于探求也。此条件惟何？曰：仁是已。人之相处，恒以性情相感，其意欣然欲乐利我者，则接之而觉其可亲，久与之处而无厌，离别焉而弥不能忘。不则若与商贾寇仇处，必有愀然不乐者矣。作品之能否成为文学，以此性质的有无为断；文学美恶之程度，以此性质之多少为衡。固非谓有此即可为文，然无此者必不能成为文学也。此文之本也，本立而后枝叶有所附；此文之质也，文之质具，而后文之文有所施。

论文之美者，莫如姚姬传分为阴阳刚柔二端之善。然文之美何以分此二端？姬传未尝言之也。盖人之于人也，有其欣然欲乐利之无穷之心；而人之性质不同，其所处之地位亦异。处乎得为之位，若其性质勇往直前者，则发为事业，大有补于斯民。古来圣君、贤相、名将、良吏、师儒皆是。是为积极之仁。处乎不得为之位，若其性质狷介，不能与世同流者，则退然自处，但以所谓不合作者，减杀世界之共业，而冀世人之一悟焉，是为消极之仁。凡高人隐士，无闻于时，无称于后者属之。两者，其所以为仁者不同，而其为仁则一。以是性质发为文章，则分为阴阳、刚柔两端。贾、晁之文，属于前者，王、孟之诗，属于后者，举此一隅，余可三反。

职是故，无性情而徒矜藻采者，必不足以为文，一时或负盛名，不数十百年，而烟消火灭矣。昔之何莲舫是其人。今之樊樊山、易实甫，不久当亦为莲舫之续也。徒事剽剥，类乎世俗所谓尖酸刻薄者，愈不足以为文，吴敬梓之《儒林外史》、李伯元之《官场现形记》，外观亦若相类，然《官场现形记》，必不能如《儒林外史》之历久为人爱诵，何也？一有悲天悯人之衷；一则视社会之恶浊，若秦人视越人之肥瘠，但为过甚刻划之辞，以博人嘲笑耳。夫俳优之辞，岂不能使人发笑？然而不可以为文者，其性情不存焉。昔人论文，所以戒有小说气者以此，以有小说气，则必为过甚描写之辞；过甚描写，则必有余于性情之处；描写溢于性情，是谓质余于文。文质彬彬，然后君子。若其未能，与其文胜，毋宁质胜。惟文亦然。文之文有余，不若文之质有余。

自白话文盛行，而文士如鲫，以其工具易也。文之美，殊无间于白话文言。然今日之文学界，表面似极盛，实则求其真是当文士之称者，百不得一焉。无论以新文学自矜、旧文学自诩者皆然，以其本无性质；或虽有之，而所感慨者，不外乎一己之穷通；甚者饮食男女之欲，有所不足而已矣。昔人云：非公正不发愤。今之发愤者，则皆不公不正之甚者也。其动机，皆作《如意曲》《来生福》者之动机而已矣。康南海、梁任公、章枚叔之文字，今日有之乎？

## 学校的责任

要改造社会，必须社会全体，至少大多数人，有此愿望，能够了解。然而现在的社会，是盲目的，因袭的，我们如何能使人人有改革的志愿，了解改革的意义呢？这个便是教育。……此等责任，我以为一切学校，都应负起。

我先世本安徽人，但是迁徙到江苏，业已数百年。前此虽然在安徽经过，但都是经过而已，住居在安徽，现在还算第一次。

我只能算初到安徽。我初到安徽，却有一种感想。感想是什么？便是我觉得安徽是接受北方文化最早的区域。谁都知道中国的文化，是起于黄河流域的。但是文化的起源，虽在黄河流域，后来发扬光大，却靠着长江流域。这亦是谁都承认的事实。长江流域很广大，岂能同时接受北方的文化？

长江上流的蜀，是到战国时，才为秦所灭的，其前此开辟的事迹，见于《华阳国志》的，殊属荒渺不经。东川的巴，据汉朝人说，汉世的巴渝舞，原出于板楯蛮。而板楯蛮的歌舞，便是尚书家所谓武王伐纣，前歌后舞的兵。此说应属可信。但其事已在周初了。再东，从南阳到江陵，便是诗家所谓周南的区域。此区域在周初，能接受北方的文化，是无可疑的。再追溯上去，《尚书大传》说，汉南诸侯，归汤者四十国，该也是这一个地区，但其事也在商初了。更东，便是所谓洞庭彭蠡之间，是古代三苗国。三苗的国君姓姜，和神农是同族，这可算是长江中流，渐染中国文化最早的一个证据。然而三苗的酋长是蚩尤，在黄帝时，便和汉族战争的，到舜禹时仍劳中国的讨伐。三苗的国君虽姓姜，三苗的人民是九黎，黎即后世之俚，汉时亦作里（见于《后汉书·南蛮传》注）。当时三苗之族，迷信很深，又淫为劓、刵、椓、黥等酷刑（见于《国语》和《尚书》），全与汉族政化相反，所以有劳汉族的讨伐。大约姜姓之族移居长江中流，未能同化异族，而反为异族所同化。后来长江中流，开辟于楚，然而楚之初封，并不在长江流域，实在今河南境内丹、淅二水之间。后来逐渐迁移，乃达于现在的江陵。这一段考据，见于宋于庭先生的《过庭录》，甚为精确。《史记·楚世家》说熊渠立长子为句亶王，中子为鄂王，少子为越章王，皆在江上楚蛮之地。鄂是现在的武昌，正当洞庭彭蠡之间，当系三苗旧壤，仍称为楚蛮之地，可见神农一族的文化，在长江流域，绝无遗留了。返观长江下流，则《左氏春秋》说，禹会诸侯于涂山，涂山是现在怀远县。这一会，尚散见于他种古书，该不是荒渺之说。夏少康的庶子，封于会稽，是现在浙江的绍兴县，少康所以封庶子于此，因禹葬于会稽，封之以奉禹祀。夏少康的庶子传二十余世而至允常，这二十余世，虽然名号无征，然而世数可考。古代诸侯卿大夫的世系，出于《世本》，《世本》系周官小史所职，乃确实可据的史料，断不能如近人古史辨一派之说，疑为虚构。然则禹崩于会稽，葬于会稽，也是确实的。当时禹的行踪，已从现在的皖北，直达浙东了。当时这一带地方，对于禹，绝无反抗之迹，和三苗大不相同，这便是长江下流接受北方的文化，早于长江中流的证据。

　　我最初怀疑这问题，是因小时读《孟子》，见舜卒于鸣条之说；稍长读《礼记》，又见舜葬于苍梧之说；更长读《史记》，又见舜崩于苍梧之野，葬于江南九疑之说；三说不同，是以怀疑。葬于苍梧，葬于九疑，相去尚近：九疑自可认为在苍梧区域之内，可以勿论；若鸣条，就相去很远了。鸣条我们虽不能确知其处，然而和南巢总是相近的。南巢是现在的巢县，无甚可疑，则鸣条也应在安徽境内，大抵在于皖北。舜的葬处，如何从皖北直说到湘桂边

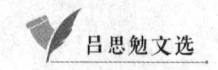

界上呢？这就大有可疑了。我们以别种史事来参证，则当时洞庭彭蠡之间的三苗，是和北方反对的。舜虽曾分北三苗，恐未易通过其境。再者，春秋时，楚地尚不到湖南，顾震沧《春秋大事表》有此论，考核甚精。然则舜即能通过三苗，亦未必能到湖南，何况湘桂边境？可为汉族古代与湖南有关系的证据的，只有象封于有庳一事。有庳旧说在今湖南的道县。何以有此一说？是固其地有象的祠堂。凡地方所祀之神，往往附会名人，而实则毫无根据。此在今日，尚系如此，何况古代？道县的祠，是否象祠？即系象祠，是否因象封于此，此都大有可疑。以其他史迹证之，只可说有庳之在道县，绝不可信。但是现在道县，在汉代一个不知谁何的祠堂，何以会附会到象身上去？亦必有个理由，不能置诸不问。我以为象的传说，是因舜的传说而生。明白了舜的传说，何以会到苍梧九疑，那就象的传说，何以会到道县，可以不烦言而解了。大凡人愈有名，愈易为人所附会。我们看湖南、广西开辟的历史，断不能承认舜到过此处。那么，舜葬于苍梧九疑之说，只能认为附会或传讹。但何以有此附会，致此传讹呢？我因此想到衡山。衡山，照普通之说，是在湖南衡阳。然在汉代，实有两说：一说在衡阳，一说即今安徽之霍山。此事亦一考据问题。我以为古代山名，所苞甚广。实和现今所谓山脉相当。衡山即横山，亦即纵断山脉。我们现在说起山来，都囿于现在人所谓山的观念。说衡山既可在湖南，又可在安徽，人皆将以为笑柄。若说衡山之脉，从湖南绵亘到安徽，那就毫不足奇了。然则衡山究在湖南，抑在安徽，所以议论纷纷，盈廷聚讼的，不过是古今言语不同的问题。古人粗而后人精，古人于某山某山之外，没有山脉二字之名，以致有此误会罢了。明白这一层道理，则湖南、安徽之山，均可有衡山之称，实乃毫无足怪。但话虽如此，古代的衡山，决不能没有一个主峰。这里所谓主峰，并不是地理学上所谓主峰的意思，乃指古代南巡守祀天之处。大约现在绵亘于湘、赣、皖、浙诸省之境，为长江和粤江、闽江之分水岭的，在古代通可称为衡山，这是广义的衡山。其中之一峰，为天子南巡守祀天之处，亦可但称为衡山，此为狭义之衡山。从狭义的衡山，附会传讹到广义的衡山上，自然是极易的事。古代南巡守所至，证以史迹，与其说是现在湖南境内的衡山，自不如说是现在安徽境内的衡山。窃疑禹会诸侯于涂山，南巡守至于会稽，舜也有这一类事，所以巡守之礼，详载于《尚书》之《尧典》上。此说如确，则舜必曾到过安徽的霍山。安徽的霍山，古代固称为衡山，而此外可称衡山之山尚多。

　　古人传述一事，大抵不甚精确。因为舜曾到过衡山，便不管舜所到的，是衡山山脉中的哪一处，而凡其山有衡山之名之地，便都附会为舜曾到过。指其地不知谁何的遗迹，为舜的遗迹，这是极可能的事。舜葬于苍梧九疑之说，恐是如此来的。既可附会苍梧九疑地方不知何人之墓为舜陵，自可附会道县地方不知何人之祠为象祠，因而就说道县是有庳，辗转传讹，都自有其蛛丝马迹了。我们试看后来成汤破桀于鸣条，放桀于南巢，周初淮夷、徐戎，响应武庚及三监，皖北一带，都与旧王室一致，反抗新朝，亦可见苏皖两省和北方的政治中心关系的密切。

　　说到此，则长江下流，为全流域中接受北方文化最早之地，而淮水流域，又为其媒介，似无疑义。交通之发达，文化之传播，本应先平坦之区，而后崎岖之地，以地理上的条件论，也是当然的。然则以开化的早晚，传播文化的功绩而论，安徽人在历史上，也颇足自豪了。

　　这是以往的事。讲到现在，却是如何呢？我们常听人说，武昌居天下上游。又听人说，丧乱之际，起于长淮流域者，必为天下雄。不错，历史上的兵事行动，都足以证明此等说法之不错。但是传播文化，又是如何呢？惭愧，我们读历史，只见许多史学家，胪举以往的战事，来证明各地方形势之优劣；却不见胪举文化事项，来证明各地方形势之优劣。这是造成史料的人的耻辱，还是利用史

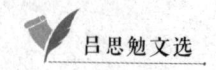

料的人的耻辱？我说，这可以说，两者互有之。不能多造传播文明，增进人类幸福之事，以发挥地理的特性，却多造成争夺相杀，增加人类苦痛之事，以发挥地理的特性，这确是人类的耻辱。但是人类之利用地理，虽不尽善；地理条件的优越，是不因之而改的。我们现在，果能幡然改图，多造有益之事，居天下上游的武昌，必为天下雄的长淮流域……固依然与我以便于利用的条件，与战争时代，毫无以异。

然则安徽人在历史上，已尽了传播文化的责任。在今日，更应负起这责任。

我更有一种感想。我觉得，人类最大的缺陷，就是不能利用理性。在生物进化上，灵长二字，是人类所无愧的。这并非夸大之词，事实确系如此，人类所以能如此，就是靠着理性。但是人类，较之其他动物，固然很有进步，而人类所希望达到的境界，则还不及千百分之一。人类的进化，所以去期望如此之远，是因为人类的活动，大半是盲目的。假若人类的行为，能事事经过考虑，共效果决不如此之小。自然，人类的行为，有一部分是先思而后行的。不过瞎撞的总居多数。因此进步不快。甚至有进两步退三步的时候。我们如果希望今后得到更多的进步，以更少的劳力得更大的效果，那么，只有遵从我们的理性，人人运用理性，目前自不可能，我们只希望有少数人，能运用理性，去研究决定进行的方向及方法。大多数人依着指导进行。一面进行，一面研究，一面改善。纵然不能无错误，但既非盲人瞎马，终会收事半功倍之效。然则这个运用理性的责任，应当让什么人、什么机关，担负起来呢？我们可不假思索的回答，就是学校。这句话，不是我们现在才说，古人早已说过了。历来有许多人，喜欢崇拜古人，动辄曰"人心不古，世风日下"等等的话。初看起来，似乎与进化的道理相违背；可是细想起来，也有道理。社会的进化是畸形的，有许多事情固然今胜于古；有许多事情却是古胜于今。大抵在物质方面，今胜于古的多；至于社会组织，则确有古胜于今之处。这并非我们的聪明才力或道德，不及古人，实因古代的社会小，容易受理性支配，后世的社会却不然，如庞然大物，莫之能举，所以只得听其自然。大抵要改造社会，决非少数人所能肩其责任，以少数人肩其责任，必至于举鼎绝膑，本来的目的未达，反生出种种祸害。所以我常说，能改造社会的，只有社会。这句话的意思，是说要改造社会，必须社会全体，至少大多数人，有此愿望，能够了解。然而现在的社会，是盲目的，因袭的，我们如何能使人人有改革的志愿，了解改革的意义呢？这个便是教育。教育不但施于少数人，要使其影响扩大而及于全社会。所以古人不大说教育，而多说教化。教化便是看出当时社会的需要，决定其进行的方向与方法，而扩大宣传，使大家了解其意义，而愿意遵行的。古代的学校，确能负起这责任，亦曾收几分效果。试举一事为证，古人的性质是刚强的，大抵最好争斗，所以最要紧的，就是叫他知道尊崇秩序，爱亲敬长。古代学校所行的乡饮酒礼、射礼，便是这种意思。我们只看现在中国民俗的柔和，便是古人此等教化的成绩。所以《礼记》上说，强不犯弱，众不暴寡，此由大学来者也。古代学校所施教化的好坏，可以不论；而学校确可为施教化（即可看出其时的需要，研究决定其进行之方向及方法，扩大宣扬，使人人了解意义，而愿意遵行）的一个机关，则确无疑义。此等责任，我以为一切学校，都应负起。而在历史上曾经负过传播文化责任的安徽，其大学，便更有负起这责任的可能，亦更有负起这责任的责任。

## 教育当开发人的心思

科举废,学校兴,业经四十余年了。学校中所讲习的,自较科举所考的为有用,但中国的读书人,科举时代的态度,始终没有改。凡所讲习,都视为敲门砖,对于本身,并无诚意。如此,自然说不上有兴趣,更说不上有热心,什么有用的好学问,在这态度下,都断送了。

人,最重紧的是用心,最要不得的是无所用心,次之则用心于无益之地。从前的职业是士农工商。农,是孤立于僻陋之境,而其所做的事情,也极简单的,根本用不着用心。工,似乎所处的环境要复杂些了,其实在近代工业资本兴起以前,商人常是经济社会的优胜者,他对于生产,立于指导的地位,并不是工人照自己的意思做出东西来,托商人去销,乃是工人仰承商人的意思,制造他乐于销售的东西,虽非指定,其作用实与指定无异,而商人所乐于销售的东西,总是老样子的,因为其销售较有把握,如此,工人也只要使用旧技术,制造旧东西就是了,也用不着用心。商,自然最要用心的了,然其用心专为自利,而其自利又不免损人,怕不仅用诸无益之地而已。最应该用心,而其用心又应以利人为目的的,在理论上是士。人,如何可以算做士呢?千余年来,最紧要的条件,是能应考而得官,次之亦要能应考,考试原是个好法子,所谓"所操者约,而所及者广",倘使善于利用,原可以作育人才,拔取人才,苦于科举之法,为传统陈腐的见解及一时不合理的风尚所牵率,所考的不知是些什么东西。(如考经义即为陈腐的见解所误,考诗赋则是一时风尚之所趋。）于是士子亦非无所用心，（其中低劣者的，应科举，后来别成为一件事，与学问全然无涉，只要会应科举而已，那并不要用什么心。）即用心于无益之地了。（其中较高的，如诗赋能手。）

天下没有哪一件事物一定是有用的，哪一件事物一定是无用的，而只看我们对待它的态度。科举废，学校兴，业经四十余年了。学校中所讲习的，自较科举所考的为有用，但中国的读书人，科举时代的态度，始终没有改。凡所讲习，都视为敲门砖，对于本身，并无诚意。如此，自然说不上有兴趣，更说不上有热心，什么有用的好学问，在这态度下，都断送了。近人评新人物所作的文字为洋八股，又有一种自称为三民主义信徒的，则其所发的议论为党八股，一点也没有错，因为其受病的根源，实在于此。

如何才能救此弊病呢？就要使人能用心，而且不用心于无益之地。如何才能使人用心而不用诸无益之地呢？外国教育家有一句话说得最好，他们说："一本书的教师，是最不值钱的。"中国向来，以暧暧姝姝于一先生之言为戒的，亦是此理。天下事是互相联带的，不明白那个，就连这个也不能明白了。"一个先生一本书"的制度，本未尝开发人的心思，且反窒塞其心思，有以致之。

如何挽救？惟有解放。在现在的学校里，先生把纸上的知识，勒逼学生，学生则以熟诵书本，通过考试为能事，断不能扩张眼界，开发心思。如其济之以考试，所试者重于明理，轻于记忆，接近眼前的实事，不尚纸上的空谈，奖励其兼知各方面的情形，并听各方面的议论，而勿为一种报道所囿，一种立场所蔽，则国民的眼界，必可大为扩张，其精神必随之而活泼，志气也就随之而恢宏了。惟有如此的国民，才不容易受欺骗，而不至成为宣传的对象。以宣传敌宣传，是无益的，至多只是打个平手而已。为什么呢？因为被宣传者没有判别的能力，则听了两方面的话，总是一样的。如此，你向他作任何宣传，他都把你的话，打个折扣，和对方宣传的话，各半听取。如此，你和你的对方，是不是打个平手？如其你于宣传之外，再以他种手段济之，在表面上，或可占到些优势，然就实际而论，则你是更走着下坡路，因为人的心思，总是喜欢向反面想的。你谦虚一些，人家倒替你下个转语，想到你也有些好处，你一味夸张，人家也要下个转语，替你坏处想一想，两个人互相争执，引咎责躬的，反容易引起旁观者的同情，就是此理。泼妇骂街，不徒可鄙，亦且甚拙，不可不知。

专凭书本，不切实际，这是向来读书的人一个最大的毛病。固然，最初的书本，总是表显着事物的。读了书，就不能遍验的事实，都可以知道了。（如地理，即其最显的例。）这是何等的经济？然到后来，即以能知书上所载的为知识，而不复问其合于实际与否，那就全失本意了。譬如农村，为什么田亩丁口的记载，不能得实，以致赋役不得其平？这自有种种的原因，并不单是调查登记的问题。而前人不知此义，以为只要调查登记的法子，定得详密，田亩丁口，就可以得实了，于是有种种的立法。到明朝所定黄册和鱼鳞册之法，可谓详密之至了。然其实行皆委诸里长，姑无论技术上有无问题，即使无之，而里长能否不为恶势力所牵率，而忠实执行？甚者里长自身，是否即是恶势力，而不肯切实执行？都没有计及，其法就徒有其名了。此其失败的原因，实由未曾切实考查农村的现状，以致不知田亩丁口的失实，其原因在于人事上而不在于调查登记的技术上。所以立法虽很费苦心，而仍不免于失败。这就是但凭书本，不察实际，不能算做真正知识的一个好例，举此一事，其余可以类推。

## 论教育改革

结婚了，岂能说我不明白夫妇间的伦理，而使人代行？出门行走，岂能说我不明白走路的规则，而撞伤人物？然则人对于自然的关系，所知甚浅，由他人操作而我但享用，是并无不可的，对于社会之关系却不然。此理实甚明白。中国传统的教育，视人与社会的关系为首要，人与自然的关系次之，实在并不算错。

中国的振兴教育，少说些（从甲午以后算起），亦五十余年了，何以并无效验？这话或为论者所不服，然在政治上至少是这样。君不见在今日的政府统治区中，要抽丁便抽丁，要征实便征实。人民何尝能道半个不字？难道这都是民意么？这和未有新式教育以前，又何以异？

然则今日之所谓教育，非有一根本的大改革不可，殆无疑义了。

这大改革当如何呢？

于此，我请先引一段众所熟习的《论语》。叶公语孔子曰："吾党有直躬者，其父攘羊，而子证之。"孔子曰："吾党之直者异于是。父为子隐，子为父隐，直在其中矣。"

叶公的话，乃是法家的主张，孔子的话，则是儒家的主张，这一章书，乃是儒法两家的辩论，这是显而易见的。攘窃之非法，互相容隐之不合于理，儒家岂不之知？然其立说如是者，儒家认为社会之所以能维持，乃由于人与人之相处，各尽其道，而非由于少数人的管制。所以宁牺牲政令推行的便利，而必不肯破坏社会的

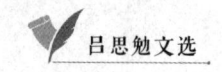

伦理。的确,"东面而望,不见西墙"(《淮南王书》语)。伊古以来,专制之士,我们并不否认其有为国为民的热心,其所主张,我们亦承认其确有见地,然恒至于误国殃民者,实由国家社会,自有其多方面的需要,自有其多方面当顾虑,然一部分人,总只能见得其一方面,其他方面,既为见闻所隔阂,自为考虑所不及,而率其所见,一意孤行,入之既深,愈难自返,日暮途远,不得不倒行逆施,遂至于不可救药了。然则设使儒家之学不行,而代之以法家之学,本其宗旨,以教育人民,使亿万人皆蔽塞其闻见,桎梏其心灵,而惟以少数人之报道为事实,褒贬为是非。有异议者,摄以严刑,禁其启口,则违反某某主义,早将成为"不以听"之诛;特务横行,更将视为无上之治法。冤冤相报,日寻干戈。一部历史,其为脓血所涂饰,更不知将至于若何的程度了。

话虽如此,然率一国之人而惟知互相容隐,只顾全私人和私人的交情,而置公共之利害于不顾,亦复成何世界?须知今日贪污无能之辈,对于国家社会,虽然有所亏负,对于私人的关系,则未必有何欠缺。他们中间,固然有全无天良,并父母妻子而亦置诸不顾的,然这怕是很少数。其大多数,则亦未尝不丰其父母妻子的教养,甚至分润及于宗族交游及所识穷乏者。在这一方面,他们较之公正廉明之士,实在并无愧色。然使率其道而行之,至于一国之人皆如是,尚复成何世界呢?

儒法之道两穷,然则如何而可?

今之论者,每怪从前的教育,偏重人与社会的关系,而忽略了人与自然的关系,以致自然科学,在欧洲能够发达,而在中国则不能。此事的原因,是否真在于此,业已很成问题。即谓为然,而谓中国的教育,太忽略于自然则可,谓其太注重于人与社会的关系则不可。须知注重于人与社会的关系,并不即等于抛荒人与自然的关系也。我们今日,何人不坐轮船火车,但何曾都懂得蒸汽机?何人不点电灯、打电话,但何曾都懂得电学?一国中而无懂得蒸汽机和电学的人，固然不行，有些人不懂得，何碍于其为人？且亦何法使人人都懂得？人与社会的关系，却不是如此。结婚了，岂能说我不明白夫妇间的伦理，而使人代行？出门行走，岂能说我不明白走路的规则，而撞伤人物？然则人对于自然的关系，所知甚浅，由他人操作而我但享用，是并无不可的，对于社会之关系却不然。此理实甚明白。中国传统的教育，视人与社会的关系为首要，人与自然的关系次之，实在并不算错。

所错者，乃在其所谓人与社会的关系，太陈旧而不适合了。

论人与社会之关系者，古书中虽亦有多种说法，其最通行者，实为五伦。五伦中夫妇、父子、兄弟，均系家族伦理，君臣、朋友，则出于家族以外。然"资于事父以事君""枢机之内，衽席之上，朋友之道"，为妻事夫四义之一，则仍推家族伦理以行之。故古代所谓五伦，实不过一家族伦理的扩大而已。此说之制定，乃在家族制度全盛的时代，此原不足为怪。然古人能就当时的社会组织，发明一种人与人相处之道，而不能禁社会组织之不变迁。社会组织既变，而人与人相处之道，墨守旧习而不变，就要情见势绌了。

在古代，人所恃以相生相养者，实惟家族。然至后世，则久已不是如此。家族制度，不惟不足以解决人的生活问题，且成为生活改善的障碍。我曾说：现社会的根柢有二：一为家族制度，一为交换制度。倘使将此两者摧毁，而代之以他种制度，社会的面目，便幡然一变了。此理甚长，当别论。然墨守家族伦理，仍视为做人之道的基本，必不适合于今日，则是显而易见的。所以儒家的重视人与社会的关系，并没有错，而其所制定的具体的伦理道德的条件，则多不适合。至于法家之说，只可适用于极小的范围内，更无待于言了。

然则今日的做人之道当如何？曰：其最要之义，当自知：

（一）我们为世界上的一个人。

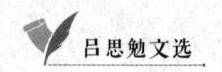

（二）我们同时又为自己所隶属的国家民族中的一个人。

然则我们所该知道的，自然是：

（一）怎样做世界上的一员。

（二）怎样做国家民族中的一员了。

…………

这是首要，当竭力研究。蒸汽机、电学等，都是次要的知识。陈旧的伦理道德条件，不徒不可盲目接受、提倡，其有害者且当辞而辟之。

要明白当前首要的问题，则必须了解世界上之现状，及今日社会之成因。如此，则地理与历史，将成为最重要的学科。此所谓地理与历史，自然不是目前传统的，徒以多记得几个名词、一些事实为贵。必也根据现代的科学，以为说明。于是社会、经济、政治、法律等，亦成为最重要的学科。

将此等知识，传授于人，自然不是像现在专家的研究，学校的教授一般，多带着头巾气，而要以现实的生活为根据。

自小学以至大学，一切成人教育，社会教育，……均当以此为重心。

如此，则人人自视为世界之一员，而思所以解决世界上之问题。人人自视为国家民族之一员，而思此国家民族所以自处之道。此等教育而达到相当的程度，收到一定的功效，则如目前的美苏对立，国共交争等，自然不致成为严重而难于解决的问题。因为再没有少数人率其私意，直情径行，或玩弄手段的余地了。

公众的问题，在公众真能参与时，将获得合理的解决。

或谓方今之世，宣传的力量，远大于教育。若其如此，则对于此诸问题，必将为一党一派所把持，更将率天下而入于迷途了。殊不知真金不怕火炼，非真金是怕的，必然要怕的。今日者，一党一派一阶级所以能歪曲其说，正由未曾将此等问题，真正提出于大众之前。若其不然，则少数必不能蒙蔽多数，私意必不能成为公意，歪曲的说法，必将在公众的面前，受到严明的审判。虽然真实正确的说法，提出并不容易，有时还将遭到阻碍，甚至遭到迫害。然非公正不发愤的人，要不可不视此为当务之急。

至于现在的教育，则不论中外，根本上怕都不是这么一回事。试观现在，号称有专门知识之士，对于我所谓最要的问题，多数不感兴趣，即或感到，而其见解亦多偏激得令人气塞，荒谬得令人发笑可知。

"不学不知，当然之理。"论政治者，往往谓多数人对于政治，不能感觉兴趣，因而不能了解。其所能了解，且能致其忠诚的，仅在一小范围之内。所以多数人所能参与的，至多是地方自治。其实此乃后天教育使然。因为（一）全世界的乃至一国家民族的政治问题，自原始的民主丧失以来，久已不视为公众应当参与的事。（二）多数人之不参与，既已成为习惯，愈造成一种少数人把持的局势。使多数人所能求其了解，致其忠诚者，仅限于小范围之内。此尚言其积极者。其消极者，则更退入于隐遁之途。（三）专擅之少数人，必有其不可告人之隐；多数人程度既低，骤将真相宣布，抑或不免于一哄而坏事；政治遂成为秘密之事。愈秘密则愈难了解。此全系事势所造成，决非人之本性也。

真正的民主，植基于真正的教育。政治的解放，必先之以教育的解放。

## 读书的方法

"沈潜刚克，高明柔克"——这两句话，是被向来讲身心修养的人，看作天性不同的两种人所走的两条路径的。其实讲研究学问的方法，亦不外乎此。这两种方法：前一种是深入乎一事中，范围较窄，而用力却较深的。后一种则范围较广，而用功却较浅。这两种方法：前一种是造就专家，后一种则养成通才。

读书，到底是有益的，还是有害的事？这话是很难说的。"学问在于空间，不在于纸上。"要读书，先得要知道书上所说的，就是社会上的什么事实。如其所说的明明是封建时代的民情，你却把来解释资本主义时代的现象；所说的明明是专制时代的治法，你却把来应付民治主义时代的潮流；那就大错了。从古以来，迂儒误国；甚至被人姗笑不懂世事；其根源全在于此。所以读书第一要留心书上所说的话，就是社会的何种事实。这是第一要义。这一着一差，满盘都没有是处了。

知道书上的某种话，就是社会上的某种事实，书就可以读了。那么，用何种方法去读呢？

在《书经》的《洪范篇》上，有"沈潜刚克，高明柔克"两句话。这两句话，是被向来讲身心修养的人，看作天性不同的两种人所走的两条路径的。其实讲研究学问的方法，亦不外乎此。这两种方法：前一种是深入乎一事中，范围较窄，而用力却较深的。后一种则范围较广，而用功却较浅。这两种方法：前一种是造就专家，后一种则养成通才。固然，走哪一条路，由于各人性之所近，然其实是不可偏废的。学问之家，或主精研，或主博涉，不过就其所注重者而言，决不是精研之家，可以蔽聪塞明，于一个窄小的范围以外，一无所知；亦不是博涉之家，一味的贪多务得，而一切不能深入。

　　治学的程序，从理论上讲：第一，当先知现在共有几种重要的学问。第二，每一种学问，该知道它现在的情形是如何？最重要的，有哪部书？第三，对于各种重要学问，都得知其崖略。第四，自己专门研究的学问，则更须知道的深一些。第五，如此者，用功既深，（一）或则对于某种现象，觉得其足资研究，而昔人尚未研究及之，我们便可扩充研究的范围。（二）又或某种现象，昔人虽已加以分析，然尚嫌其不够细密，我们就可再加分析，画定一更小的范围，以资研究。（三）又或综合前人的所得，更成立一个较大的范围。（四）又或于前人所遗漏的加以补充，错误的加以改正。如此，就能使新学问成立，或旧学问进步了。然则入手之初，具体的方法，又当如何呢？那亦不外乎刚克，柔克，二者并用。

　　专门研究的书，是要用沈潜刚克的方法的。先择定一种，作为研究的中心，再选择几种，作为参考之用。"一部书的教师，是最不值钱的。"一部书的学者，亦何莫不然。这不关乎书的好坏。再好的，也不能把一切问题，包括无遗的，至少不能同样注重。这因为著者的学识，各有其独到之处，于此有所重，于彼必有所轻。如其各方面皆无所畸轻，则亦各方面无所畸重，其书就一无特色了。无特色之书，读之不易有所得。然有特色的书，亦只会注意于一两方面，而读者所要知道，却不是以这一两方面为限的。这是读书所以要用几种书互相参考的理由。这一层亦是最为要紧的。每一种书中，必有若干问题，每一个问题，须有一个答案，这一个答案，就是这一种学问中应该明白的义理。我们必须把它弄清楚，而每一条义理，都不是孤立的，各个问题必定互相关联。把它们联结起来，

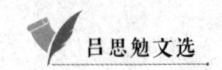

就又得一种更高的道理，这不但一种学问是如此，把各种学问连结起来，亦是如此，生物学中竞争和互助的作用，物理学生质力不减的法则，都可以应用到社会科学上。便是一个最浅显的例子，学校的教授，有益于青年，其故安在。那（一）缘其所设立的科目，必系现今较重要的学问；（二）缘其所讲授的，必系一种学问中最重要的部分；（三）而随着学生的进修，又有教师为之辅导，然即无缘入学的青年，苟能留意于学问的门径，并随时向有学问者请益，亦决不是不可以自修的。

基础的科学，我们该用沈潜刚克的法子，此外随时泛滥，务求其所涉者广，以恢廓我们的境界，发抒我们的意气的，则宜用高明柔克的法子。昔人譬喻如用兵时的略地，一过就算了，不求深入。这种涉猎，能使我们的见解，不局于一隅，而不至为窗塞不通之论。这亦是很要紧的。因为近代的专门学者，往往易犯此病。

两途并进，"俛焉日有孳孳"，我想必极有趣味。"日计不足，月计有余"，隔一个时期，反省一番，就觉得功夫不是白用的了。程伊川先生说："不学便老而衰。"世界上哪一种人是没有进步的？只有不学的人。

## 青年治学当眼光远大

　　读旧书到底是有益的？还是有害的？这个问题，很难得满意的解答。平心论之，自然是有利有害。但对于先后缓急，却不可不审其次序。对于现在的科学，先已知其大概，然后在常识完备的条件下，了解古书，自然是有益的。若其常识不完具，退化了好几世纪，而还自以为是，那就不免要生今反古，与以耳食无异了。

　　蛰居孤岛，倏忽三年了，望烽火之连天，欲奋飞而无路，我们究将何以报国呢？

　　报国宜于各人站定自己的更位（今作岗位。凡守望者必按时更易，故称更），能就实际有所工作，固然是报国。如其所处的地位，暂时无可藉手，则潜心研究学术，亦不失为报国的一端。这固然是老生常谈，然行易知难，断不容把难的工作反看轻了。

　　单说研究学术，似乎太空泛了些，我现在，指出青年研究学术应该注意的两点：

　　其一眼光要放大。大不是空廓不着实际之谓，乃是不拘拘于一局部，则对于所专治的学问，更能深通，而出此范围以外，亦不至于冥行擿埴。关于这一点，雷海宗先生的话，可谓实获我心（此篇系《大公报》星期论文，题曰《专家与通人》，今据二十九年四月八日《中美日报》每周论选节录）。他说：

　　"专家的时髦性，可说是今日学术界的最大流弊。学问分门别类，除因人的精力有限之外，乃是为求研究的便利，并非说各门之间，真有深渊相隔。学问全境，就是对于宇宙人生全境的探询与追求。各门各科，不过由各种不同的方向和立场，去研究全部的宇宙和人生而已。人生是整个的，支离破碎之后，就不是真正的人生。为研究的便利，不妨分工，若欲求得彻底的智慧，就必须旁通本门以外的智慧。各种自然科学，对于宇宙的分析，也只有方法与立场的不同，对象都是同一的，大自然界，在自然科学发展史上，凡是有划时代的贡献的人，没有一个是死抱一隅之见的。他们是专家，但又超过专家。他们是通人。这一点，总是为今日的专家与希望作专家的人所忽略。

"一个科学家，终日在实验室中，与仪器及实验品为伍，此外不知尚有世界，这样一个人，可被社会崇拜为大科学家，但实际并非一个全人，他的精神上的残废，就与足跛耳聋，没有多少分别。再进一步，今日学术的专门化，不限于科。一科之内，往往又分许多细目。例如历史专家，必须为经济史或汉史，甚或某一时代的经济史或汉代某一小段。太专之后，不只对史学以外不感兴味，即对所专以外的部分，也渐疏远，甚至不能了解。此种人本可称为历史专家，但不能算历史家。片断的研究，无论如何重要，对历史真要明了，非注意全局不可。我们时常见到喜欢说话的专家，会发出非常幼稚的议论。他们对于所专的科目，在全部学术中所占的地位，完全不知，所以除所专的范围外，一发言，不是幼稚，就是隔膜。

"学术界太专的趋势，与高等教育制度，有密切的关系。今日大学各系的课程，为求专精与研究的美名，舍本逐末。基本的课程，不是根本不设，就是敷衍塞责。而外国大学研究院的大部课程，在我国只有本科的大学内，反而都可找到。学生对本门已感应接不暇，当然难以再求旁通。一般学生，因根基太狭，太薄，真正的精通，既谈不到，广泛的博通，又无从求得。结果，各大学只送出一批一批半生不熟的知识青年。既不能作深刻的专门研究，又不能应付复杂的人生。抗战期间，各部门都感到人才的缺乏。我们所缺乏的人才，主要的不在量而在质。雕虫小技的人才，并不算少，但无论作学问或作事业，所需要的，都是眼光远大的人才。

"凡人年到三十，人格就已固定，难望再有彻底的变化。要作学问，二十岁前后，是最重要的关键。此时若对学问兴趣，立下广泛的基础，将来工作无论如何专精，也不至于害精神偏枯病。若在大学期间，就造成一个眼光短浅的学究，将来要作由专而博的工夫，其难真如登天。今日各种学术，都过于复杂深奥，无人能再希望做一个活百科全书的亚里斯多德。但对一门精通一切，对各门略知梗概，仍是学者的最高理想。"

这一篇话可谓句句皆如我之所欲言。以我所见，今日的青年，专埋头于极狭窄的范围中，而此外茫无所知的，正不在少。此其原因：（一）由于其生性的谨愿，此等人规模本来太狭，不可不亟以人力补其偏。（二）则由于为现时尊重专家之论所误，读雷君此文，不可不瞿然警醒。（三）亦由迫于生计，亟思学得一技之长，以谋衣食。然（1）一技之长，亦往往与他科有或深或浅的关系。（2）而人也不该只想谋衣食，而不计及做一个完全的人。（3）而且苟能善于支配，求广博的知识和求专门的知识技能，也并不相碍，而且还有裨益。所以现在在校的学生，固应于所专的科目以外，更求广博的知识。即无机会受学校教育的青年，亦当勉力务求博览。学问有人指导，固然省力，实无甚不能无师自通的。现在的学生，所以离不开教师，（甲）正由其所涉的范围太狭，以致关涉他方面的情形，茫然不解。遂非有人为之讲解不可。（乙）亦由其看惯了教科书讲义，要句句看得懂的书，方才能看，肯看，不然就搁起了。如此，天下岂复有可读之书？若其所涉博，则看此书不能懂的，看到别一部书，自然会懂，届时不妨回过来再读这部书，何至于一有不通，全部停顿？须知一章一节，都有先生讲解，在当时自以为懂了，其实还不是真懂的。所以求学的初步，总以博涉为贵，而无师正不必引为大戚，况且现在孤岛上的学校，能支持到几

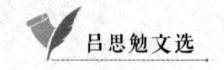

时，根本还不可知呢。难道没有学校，我们就不读书了么？

其二是治学问要有相当的深入。历史上有一件故事：汉宣帝是好法家之学的，其儿子元帝，却好儒家之学。据《汉书·元帝纪》说，元帝为太子时，尝侍燕，从容言："陛下持刑太深，宜用儒生。"宣帝作色曰："汉家自有制度，本以霸王道杂之，奈何纯任德教，用周政乎！且俗儒不达时宜，好是古非今，使人眩于名实，不知所守，安足委任？"乃叹曰："乱我家者太子也。"后来元帝即位，汉朝的政治，果自此而废弛。这"使人眩于名实，不知所守"十个字，可谓深中儒家之病。儒家崇尚德化，自系指小国寡民，社会无甚矛盾的时代言之。此时所谓政治，即系社会的公务。为人君者所发的命令，诚能行于其下；而其日常生活，亦为人民所共见共闻，如其持躬整饬，自能使在下的人，相当的感动兴起。有许多越轨的事情，在上者果然一本正经，在下者自然不敢做。因为一本正经的在上者，对于在下者的不正经，必经要加以惩治的，而其惩治亦必有效力。举一个实例：吾乡有某乡董，不好赌。当这乡董受任以前，有一群无赖，年年总是要在该乡中开赌的，差不多已成为惯例了。某乡董受任以后，他们依旧前来请求。拒绝他，是要发生很大的纠纷的。某乡董也就答应了。到开赌之期，某乡董却终日坐在赌场上。一班想赌的人，看见他，都望望然去之，这赌场竟无人来，不及期，只得收歇。古之所谓德化者，大约含有此等成分，而俗儒不察事实，以为所谓德化者，乃系一件神秘的事，不论环境如何，也不必有所作为，只须在深宫之中，暗然自修，就不论远迩，都可受其影响了。还记得中日甲午之战，中国屡战屡败，有两个私塾学生，乘着先生出去，相与研究其原因。甲学生说不上来，乙学生想了俄顷，说道："总还要怪皇帝不好，他为什么不修德呢？"甲学生听了，甚为佩服。这固然是个极端的例，然而从前的迂儒，其见解大概是这样的，至多是程度之差，而不是性质之异。此其受病的根原，即在于不察名实，不管眼前的景象如何，书上的学说背景如何，似懂非懂的读了，就无条件的接受了，以为书上具体的办法，就可施于今日了。主张复古的人，至于要恢复井田封建，其主要的原因，就在于此。即不泥于事实而务推求原理，也还是要陷于同样的谬误的。因为原理本是归纳事实而得的，不察事实，就不论怎样不合实际的原理，也会无条件加以接受了。譬如一治一乱，是中国士大夫很普遍的信条，为什么会相信一治一乱，是无可变更的现象；而一盛一衰，遂成为人世间无可弥补的缺陷呢？因为治必须震动恪恭，而他们认人之性是一动一静，紧张之后，必继之以懈弛，因而勤劳之后，必继之以享乐的，而人之所以如此，则实与天道相应，这是从《周易》以来相传下来的观念，可说是中国最高的哲学思想。其实易家此等见解，乃系归纳自然现象而得，根本不能施之于人事。因为人是活的，自然界是死的。即欲推之于人事，亦只能适用于有机体，而不能适用于超机体。个体是有盛衰生死诸现象的，群体何尝有此？目今论者，往往指某民族为少壮，某民族为衰老，其实所谓衰老，只是一种病象罢了。生命既不会断绝，病就总是要痊愈的。生命既无定限，亦没有所谓盛壮及衰老？然则《周易》的哲学，根本是不能用之于社会现象的。而从前的人，却以为其道无不该，正可以说明人事，正应该据之以应付人事，这就是不察名实之过。因为他们根本没有把《易经》的哲学和社会现象校勘一番，以定其合不合，而先就无条件接受了。读旧书到底是有益的，还是有害的？这个问题，很难得满意的解答。平心论之，自然是有利有害。但对于先后缓急，却不可不审其次序。对于现在的科学，先已知其大概，然后在常识完备的条件下，了解古书，自然是有益的。若其常识不完具，退化了好几世纪，而还自以为是，那就不免要生今反古，与以耳食无异了。所以我劝青年读书，以先读现在的科学书，而古书且置为缓图为顺序。

我所要告青年的话，暂止于此了。古语说：天道五年一小变，三十年为一大变，所以三十年为一世。这也不是什么天道，不过人

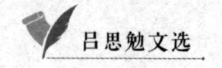

事相推相荡，达到一定的期间，自然该有一个变化罢了。民国已经三十年了，希望有一种新气象出来，这新气象，我们不希望其表面化，立刻轰轰烈烈，给大家认识，而只望其植根于青年身上，为他日建功立业之基。

## 学问在空间,不在纸上

　　学术是在空间的,不是在纸上的。然其流失,则往往限于纸上的。学术至此,就要停滞不进了。为什么学术会限于纸上呢?这因人类的作事,恒有其惰力性。前人既有所发明,当不受环境逼迫之时,就率由旧章,就不肯再向别一条路上想了。

　　学术是在空间的,不是在纸上的。然其流失,则往往限于纸上的。学术至此,就要停滞不进了。为什么学术会限于纸上呢?这因人类的作事,恒有其惰力性。前人既有所发明,当不受环境逼迫之时,就率由旧章,就不肯再向别一条路上想了。固然,纸上的学术,原是从空间来的。然而(一)宇宙间现象无穷,偏于纸上,所研究的,就不能出于昔人所搜集的材料以外。(二)前人设有误谬,就不易加以矫正。(三)学术没有纯客观的,前人之所叙述,无论如何忠实,总不免羼杂些主观。后人于利用材料之时,受其暗示,其心思就不容易想到别一条路上去。(四)而且前人从空间搜集材料,其观察是深切的,后人求之于纸上,其程功就为容易,其心思,遂不能如前人的深入,甚有并前人的意见,而亦不能了解的。学术至此,自然要停滞不进了。

　　宇宙之间,可供研究的现象,大别言之,不外乎自然与社会两端。我国自古以来,轻视自然现象,不甚加以探讨,至于社会现象,则因几千年来,事势无急剧的改变,研究者的思想,总不免为前人成说所囿。世事业经大异,而我们所以解释之,应付之者,大体上还是相传的旧观念。这是学术思想停滞不进的大原因。自和欧化接触以来，我们向不注意的自然现象，他们乃穷加探讨，而做成了惊天动地的大事业。其社会现象，自然不能与我国尽同，根据之研究所得的结果，自亦不能无异。因其所用材料的广博：（一）史前史的发见，（二）蛮人风俗的研究，（三）工业资本发达以后及于社会组织的影响，都是我国谈社会科学的人所不知道的。且借助于研究自然科学的方法之故，其精密又非吾人所能逮，我国受其刺激，学术就渐起变化了。但是欧美的学术，不是短时间能尽量输入的，而我国固有的学术，确亦说得上精深丰富。凡事，有其所固有的，总不能本无所有的，易于舍己而从人，所以欧化的东来，还不能大革我们学术偏于纸上的积习。洋八股的讥评，实由此而来。直到现在，非常的局势，逼迫着我们，才开始走上一条新途径。

自然科学，诚然不是以应用为目的的，然未尝不可由应用之途引入。若不讲应用，则除非生来有兴趣，而又有适于研究环境的人，方能加以研究。我国现在，这样的人是不多的，因向来不重视此学，所以空气不甚浓厚，能引起人兴趣的机会较少。一个天才，很少是单方面的，往往能对好几方面，同时能感觉兴趣，这一方面空气较稀薄，就转到别一方面去了，这是我国现在，研究自然科学者，毕竟不如研究社会科学或文艺者兴盛的一因。而虽有兴趣，而没有研究的设备，迫之使不得转入他途，亦是其一因。到艰困的物质环境，迫使我不得不向自然界讨生活时，情形就大变了。徐中玉先生《考察西南学术界的感想（上篇）》中说："我国近年来，在实科上，能有所发明、发见，使国家获得生产和节流之利者颇多。"（见1941年10月24、25日《中美日报》。）我们蛰居"孤岛"，固无由知其详。然如煤炭代油炉的发明，本年（1941年）3月间，曾在陪都交通人员训练所的车场，加以试验，其成绩殊为满意。又如某种食品的发明，用若干种原料，混合制成，能使其价廉而营养仍无妨碍，此项食物的发明，据报载共有四种，其中三种，尝味亦颇佳良，只一种稍逊。又据某生物学家告我：近两年来，对于除去桐树害虫的方法，有不少的发明，只可惜没有大资本，未能尽量举办。这些，就我所知道的，亦足以窥豹一斑。固然这些不就算做科学，然而研究科学的门径，是可以此而开的，广大的内地，向来未被注意的自然现象何限？时代的鞭策和鼓励，驱使着我们向研究之路进行，程功既久，积多数之发见、发明，自然会有纯正科学上的新收获，这是理可预决的。

至于社会科学，则我国几千年来，本来是很注重的，其所有的成绩，亦不能不谓之精深丰富。然前人之所发明，有一点，很不适宜于今日的，即今日的事势，无论其在国家民族求御侮自立方面，或社会企求进步方面，都要全体动员，而旧日的文化，却总是以治者阶级支配被治者阶级的。元始的政治，总是民主的，这时候所谓政务，就是社会的公共事务，利害既无矛盾，凡有意见，总是全体一致（多数法只是文明社会之法，野蛮社会的议事，往往是要全体一致，然后能通过的），凡有动作，亦必全体尽力，假使以今日，其实当远在今日以前，团体范围之广，物质凭藉之丰，而社会还有如此良好的组织，人类作事的力量，不知要增加若干倍，其所享之幸福，自亦不知要增加到若干倍。无如团体的范围渐广，物质的凭藉渐丰，社会的组织，却随之而变坏了。内部的矛盾，既日益深刻，应付某种事件，就只有某一阶级人，感着必要，其余大多数人，对之都无热心。然以一阶级人而应付一种事件，其力量总是感觉不够的，于是不得不求所以驱使大多数人之术。几千年来，政治上所谓前驱势迫，所谓智取行驭，无非是一阶级人驱使大多数人的手段。然而勉强的事情，总是勉强的，任你用何手段，总发挥不出多大的力量，甚至还要引起别的问题。这是从坏一方面说。从好一方面说，确亦有民胞物与的仁人，想把社会改革，使之臻于上理的。然自阶级对立以来，治者阶级和被治者阶级，所处的地位既属不同，所受的教育亦复互异，阶级的偏见，障碍着真理。不知道气

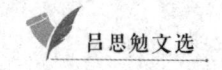

质之殊，由于环境之异，误以为人生而有智愚贤不肖之不同，愚者不肖者是不能自谋的，非藉贤者智者为之代谋不可，于是不教导被治阶级，使之明白，策励被治阶级，使之自动，而一切操刀代斫。殊不知真正的智愚贤不肖，不限于阶级的，少数的上智，治者阶级和被治阶级中，都有其人。论其大多数，亦不论哪一个阶级，都是中人，这是生物学上的事实。（在生物学上，上智和下愚，同为变态，惟中材是常态。）中人而期其为上智之事，就善者不过坐啸画诺，不善者并将作威作福，利用其地位以谋自利了。自封建制度废绝以后，所谓政治，是握在官僚手中的，普通人闻说官僚二字，都以为是指做官的人。其实不然，一个人是做不成功什么事情的，而且以旧日情形论，做官的人，大抵不会办事，真正办事的人，倒是辅助他的人，其中又分为：（一）有高等知识技术的，此种人可称为幕僚。（二）办例行公事的，这种人谓之胥吏。（三）供奔走使令的，其人谓之衙役。除此之外，还有从好一方面说，则为官之辅助；从坏一方面说，则是与官相勾结，狼狈为奸的，此即所谓士绅。合这许多人，乃成为一官僚阶级。官僚阶级中，固然亦有好人，想替人民图谋福利，解除痛苦的，然这总只是少数，其大多数，总是以自己的身家为本位的。从前的制度，既使其不得不法外营求（禄薄和地位无保障），又无严密的监察制度以随其后，那就中人也不免要多要钱少作事了，何况其本为贪暴者呢？如此，无论怎样的良法美意，都可以诒害于民。王莽、王安石等所以被人诟病者以此。少数处于监督地位的人，既然力有所不及，自然只好一事不办，这是中国的政治，陷于消极的真原因。至于人民，则（一）因其日受剥削，（二）则凡才智之士，都为自己的地位起见，竭力夤缘，升入官僚阶级中（非必蝇营狗苟，暮夜乞怜，放开眼光观之，发愤读书以求上进等亦当属于此），而平民社会，遂日贫日弱；百事皆废弛而不举。这又是中国社会，所以凡事皆废弛的真原因。中国社会是静的，而现在的局势，要动才能应付，这是中国所以贫弱的真原因。积习是非受到相当的压力，不能改变的，正和静止的物体，不加以外力不能动一样。外力是压迫，足以推动全社会，而涤除其死气的，是什么呢？那便是民族的存亡问题。现代的社会，我们断不能讳言，说其内部都没有矛盾，只有到民族存亡问题临头时，利害才会趋于一致。所以这几年来，我们谈政治和社会问题的人，也渐渐的鞭辟近里。譬如川康视察团，在去年所作成的报告，对于自然的利用方面，固然多有建议，对于政治及社会方面，痛切的建议也很多。我国的社会现象，本来不能与各国尽同的，近年来尤为显著。如因战事伤亡之多，而全国的意志，一致坚强不屈；国际收支，在战前本处逆势，而战后反能保其平衡；以及法币的受到多方面的迫害，而仍屹然特立等。凡此，都有非已发明的学说，所能完全解释的。近来对这些问题加意研究的，亦非无其人，虽其所论著，不敢据为定论，然社会现象，有出于前人所注意的以外，亦正和自然界有新发见的资料一般，有此新刺激，其成绩，亦是可以预期的了。

燎原起于星火，大江原于滥觞，其机甚微，而所动者大，我们愿珍视这机缄，以预卜将来的成就。

## 论青年的修养和教育问题

　　学问从来没有替个人打算的，总是替公家打算的，替公家打算，就是所谓仁。所以不仁的人，决不能有所成就。你曾见真有学问的人，为自私自利的否？你曾见真有学问的人，而阴险刻薄，凶横霸道的否？这一个问题，世人或亦能悍然应曰：有之，而举某某某某以对。其实此等人并不是真有学问，不过是世俗所捧罢了。世俗所以捧他，则正由世俗之人未知何者谓之学问之故。所以真的学问，和道德决无二致。

　　事情毕竟是青年做的。还记得我当十余龄时，正是戊戌维新的前后，年少气盛，对于一切事，都是吾欲云云，看得迂拘守旧的老年人，一钱不值了。后来入世渐深，阅历渐多，觉得青年虽然勇锐，却观察多失之浮浅，举动多失之轻率，渐渐不敢赞同。然而从辛亥革命，以至现在，一切事业，毕竟都是青年干出来的。中年以上的人，观察固然较深刻，举动固然较慎重，而其大多数，思想总不免于落伍，只会墨守成规，不肯同情变革。假使全国的人，都像他们的样子，进步不知要迟缓多少？进步一迟缓，环境压迫的力量就更强，现在不知是何现状了？

　　世间的事物，是无一刻不在变动着的，而人每失之于懒惰，不肯留心观察，懒惰既久，其心思就流于麻木了。外面的情形，业已大变，而吾人还茫然不知，以致应付无一不误。青年的所以可贵，就在他胸无成见，所以对于外界的真相，容易认识，合时的见解，容易接受，虽亦不免错误，而改变也容易。每一时代之中，转旋大局的事情，总是由青年干出来，即由于此。

既如此，青年对于环境，就不可不有真确的认识。如其不然，就和老年人一样了。

朱子说："教学者如扶醉人，扶得东来西又倒。"一人如此，一个社会亦然。任何一种风气，都失之偏重。中国的读书人，向来是迂疏的，不足以应世务。而现在的一切事务，又多非有专门技术不行。因此，遂养成一种重技术而轻学问的风气，多数人认为技术就是学问。而真正有学问，或从事于学问的人，反而受到人的非笑。其实技术只是依样葫芦，照例应付，外界的情形，已经变动了，而例不可以再照，技术家是不会知道的。譬诸跛盲相助，学问家是跛者，技术家却是盲人，跛人离盲人，固不能行，盲人无跛人，亦将不知所向。而在社会的分工中，做盲人较易，做跛者较难。所以古人重道而轻艺，其见解并没有错。不过后来的所谓道，并不是道，以致以明道自居者，既跛又盲罢了。古人所以分别功狗功人，现代的人之所以重视领袖，亦是为此。

我并不是教个个人都做领袖，亦不是说只有做领袖的人，方才可贵。构成一所大厦，栋梁与砖石，原是各有其用，而其功绩亦相等的。但是做局部工作的人，对于自己所做的事情，也要通知其原理，而不可如机械般，只会做呆板的工作，则该是现代的文化，所以不同于往昔的。然一看现在社会上的情形，则此种新文化，丝毫未有端倪，而偏重技术，造成一种刻板机械的人的风气且更甚，许多青年，就在此中断送了。古人的错误，不在其重道而轻艺，乃在其误解道的性质，以为过于高深，为一般人所不能解，虽教之亦无益，于是不得不赞同"民可使由之，不可使知之"一类的议论了。其实人的能力，蕴藏而未用，或错用之者甚多，普通的原理，绝非普通的人所不能解，愚笨的人所以多，只是教育的缺陷罢了。

这所谓教育，并非指狭义的学校教育，乃指一般社会的风气和

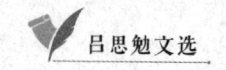

制度。且如现在：（一）既有轻学问而重技术，又或误以为技术即学问的见解。（二）而高居人上的人，大都是志得意满的，甚或骄奢淫佚，只有颐指气使之习，更无作育人才之心，所以只爱护会做机械工作的人。"堂上有悬鼓，我欲击之丞卿怒"，倘使对于所做的事情，有深切的了解，因而对于现状有所不满，而要倡议改革，那反会遭到忌妒和斥怒的。（三）又因生计艰难，年青的人，都急求经济上有以自立，而要在经济上谋自立，则技术易而学问难。或且陷于不可能，舆论的是非，其实只是他本身的利害，于是父诏其子，兄勉其弟，以致宗族交游之所以相策励者，无一非谋食之计而已。（四）及其既得之后，有些人遂不免以此自足，不肯深求，到机械工作做惯了之后，就心思渐流于麻木，要图进取而亦有所不能了。久之，遂至对于环境，毫无认识，虽在年富力强之时，亦与老耋之人无异，此即程子所谓"不学便老而衰"。所以说：现在的社会风气和制度，把许多有为的人葬送了。不但如此，人是离不开趣味的。一个研究学问的人，看似工作艰苦，其实他所做的事情很有趣味，工作即趣味，所以用不到另寻刺激。作机械工作的人，就不然了，终日束缚之驰骋之于勉强不得已之地，闲暇之时，要寻些刺激，以消耗其有余而被压迫着不得宣泄之力。以生心理的要求而论，是很正当的，现代都会之地，淫乐之事必多，即由于此。因为都会就是机械工作聚集之所啊！现在的社会或政治制度，实不可不大加改革，其要点：是（一）无论研究何种学问的人，对于一切学问，都不可不有一个普遍的相当程度的认识，尤其是社会科学。（二）对于其所专治的一门，不可只学技术，而置其原理于不顾。（三）因为如此，所以用人者，不可竭尽其力，当使其仍有余闲，以从事于学问。依我的愚见，不论公务员或其他团体的职员，皆当使其从半日办事，半日求学，办事几年之后，再令其求学几年；其所学，当以更求深造或博涉为主，不可但求技术的熟练，或但加习某种技术。如此，仕与学同时并进，再更迭互进，自然公务员阶级和职员阶级的气象，和现在大不相同。这才是真正的民主教育。凡物散之则觉其少，聚之则觉其多。把现在坐井观天的人，都引而置之井上，使其一见"大似穹庐，笼罩四野"的景象，社会的情形，自然焕然改观了。无论封建主义或资本主义，所要求于大多数人的，总是安分。这所谓分，并不是其人应止之分，只是统治者所指定的分罢了。这时代所谓安分的人，是受人家的命令而安分的，为什么那一块地方是我的分？为什么我要安于此？他自己是茫然不知道的，此乃迷的安分。依我的说法，则是人人明了了全体，从全体中算出自己的分地来的，可谓之智的安分。惟其如此，才能人人各安其分，而不致有争做领袖的事情，这就是民治主义深根固蒂之道。社会制度，是不易一时改革的，青年在今日环境之中，却不可不思所以自处，因为现在正是解人难索的时代呀！

孔子以知、仁、勇为三达德。前篇所言，只说得一个知字，人本不该以知字足，而且知和勇，都是从仁中生出来的。所以古人说："若保赤子，心诚求之，虽不中不远矣。"西哲说："妇人弱也，而为母则强。"孔子说："仁者必有勇。"王阳明说："知而不行，只是未知。"就是这个道理。

如其一个人志只在于丰衣足食，大之则骄奢淫逸。试问这个人，会懂得经济学、财政学否？经济学是替社会打算的，财政学是替国家打算的？志在丰衣足食，或骄奢淫逸的人，对于社会国家的问题，如何会发生兴趣呢？如此，经济学、财政学所说的，就都是话不投机的了，你如何会读得进去？寻常人总以为人是读了某种书，然后懂得某种道理的，其实人是对于某种道理，先有所懂得，然后对于某种事实，会发生兴趣；然后对于某种书籍，才读得进去的。如其不然，就该同样研究的人，成绩都是同样的了，安有此理？

学问从来没有替个人打算的，总是替公家打算的，替公家打算，就是所谓仁。所以不仁的人，决不能有所成就。你曾见真有学问的人，为自私自利的否？你曾见真有学问的人，而阴险刻薄，凶

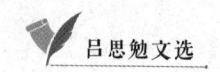

横霸道的否？这一个问题，世人或亦能悍然应曰：有之，而举某某某某以对。其实此等人并不是真有学问，不过是世俗所捧罢了。世俗所以捧他，则正由世俗之人未知何者谓之学问之故。所以真的学问，和道德决无二致。

德行的厚薄，似乎是生来的，其实不然，古人说彝秉之良，为人所同具，此言决非欺人。其所以或则仅顾一身一家，或则志在治国平天下，全是决之于其所受的教育的。不然，为什么生在私有制度社会中的人，只知利己，生在社会主义社会的人，就想兼利社会呢？我们现在的社会，在原则上，其相视，是如秦人视越人的肥瘠，然而云南南境的猓猡还有保存公产制度的习惯。他们的耕地，是按人数均分的。我们要加入他们的社会，只要能得到他们的允许，他们便立刻把土地重新分配一下，分一份给我们。而且相率替我们造屋，供给我们居住，这较之我们今日的人情，其厚薄为何如？难道是"天之降才尔殊"么？仁不仁属于先天抑后天，可以不待辨而明了。

我们所处的环境，固然不良，然而我们既受到了较良好的教育，断没有人能禁止我们不自择良好的环境。良好的环境安在呢？

还记得清丁酉年（1897年），梁任公先生在湖南时务学堂当教员，他教学生一种观法。他说："人谁不怕死？死其实不足为奇，你试闭着眼睛想着：有一个炮弹飞来，把你的身子打得粉碎，又或有利刃直刺你的胸腹，洞穿背脊，鲜血淋漓，此时你的感想如何？你初想时，自然觉得害怕，厌恶，不愿意想。想惯了，也就平淡无奇了。操练能改变观念，久而久之，就使实事来临，也不过如此。"读者诸君，这并不是梁先生骗人的话。明末的金正希先生，和人同游黄山，立于悬崖边缘，脚底只有三分之一在山上，三分之二，却空悬在外，同游者为股栗，先生却处之泰然。问他为什么要弄这狡狯以赫人？他说："这并不是弄狡狯，乃所以练习吾心。"他平时有这种功夫，所以后来守徽州时，临大节而不可夺。读者诸君，这并不是金先生独有的功夫，此项方法，乃自佛教中的观法，承袭变化而来，宋明儒者是看作家常便饭的。所以这一个时代，气节独盛。他们在当时，虽不能挽回危局，似乎无济于事，然其一股刚正之气，直留诒到现代，还大放其光辉。此所谓"城濮之兆，其报在邲"。正如大川之水，伏流千里，迂回曲折，而卒达于海，正不能不谓之成功。

　　读者诸君！这种议论，你们或还以为迂阔，则请你们看看，现在街头巷尾，饿死冻死的，共有若干人，再请你到贫民窟中去看，他们所过的生活是什么样子？是不是所谓非人生活？你再回到繁华的都市中，看看骄奢淫佚的样子，你心中作何感想？你还觉得这些事快乐否？你虽不看见，你总还能耳闻，现在有些地方，你的同胞，受人欺凌践踏，比奴隶牛马还不如，这些人中，或者有你的亲戚朋友，甚而至于父母兄弟妻子在内，你心中作何感想？佛争一炷香，人争一口气。你觉得我们有求一个扬眉吐气的日子的必要否？还是以在目前你能够颐指气使的地方颐指气使为已足。想到此，不但志在丰衣足食，或者骄奢淫逸，是不成气候，就是有一丝一毫功名之念，亦岂复成其为人？读者诸君，人最怕太忙，把性灵都汩没了，不但驰逐于纷华靡丽之场为不可，就是沉溺于故纸堆中，弄得头昏脑胀，把我们该怎样做人的一个问题，反省的功夫，都忙得没有了，也不是一回事。孟子说得好："虽存乎人者，岂无仁义之心哉？其所以放其良心者，亦犹斧斤于木也，旦旦而伐之，可以为美乎？其日夜之所息，平旦之气，其好恶与人相近几希，则其旦昼之所为，有梏亡之矣。梏之反覆，则其夜气不足以存；夜气不足以存，则其违禽兽也不远矣。"从来非常之才，每出于穷僻瘠苦之乡，而必不生于纷华靡丽之地，就是为此，不可以不猛省啊！

## 义州游记

朝鲜为东方君子之国，亚洲诸国，濡染中国之文化，无如朝鲜之深者。日本其后起者也，安南抑尤不逮已。近人争言舍力征而尚文治，若朝鲜其庶几哉。其尚道义，耻诈谖，贱争攘，无一不与我同，真我高第弟子也。虽一时见诎于人乎？然有小诎必有大信，天道好还，武力其可终恃哉！

十月初八日（1920年），为旧历八月二十七孔子生日假期，初九、初十、十一三日，为国庆假期，程君伯商、郭君西农相约同游义州，一观朝鲜风俗，并历五龙背、安东、新义州三处，所至并无详细考查，不过游览而已。姑志所见闻，以供同人阅览。

初八日，晴，晨八时半，登安奉车，五十分车开。安奉路者，清光绪三十、三十一年日俄战时，日人所筑轻便铁道，三十一年十一月二十六日，在北京订善后条约，许其改筑广轨，嗣因购地事，彼此多有争执，日人乃自由行动兴工，我国不能禁也。工始于宣统元年六月二十二日，三年十月十一日行开车礼，全路有隧道二十四，桥梁二百余，隧道最长者在福金岭，在本溪东南八里，凡四千六百五十一尺。桥之最长者，跨太子河，千六百九十四尺，全路之长，凡四百七十二里。东边一道，除沿海一二小口岸，以及鸭绿江下流与朝鲜贸易处外，交通率皆梗塞，自此路成，而形势乃一变矣。

自沈阳东南行百三十里至本溪，本溪旧名窑街，以地有陶器得名，雍正前即有此名，今奉省所用水缸等仍出于此，产石灰亦甚多。煤矿不知始于何时，乾隆间开采颇盛，日俄战后，乃设中日合办煤矿公司。宣统三年，日人又于其东五十余里觅得铁矿，乃改称煤铁公司焉。自车中望之，屋舍鳞次，烟囱林立，颇觉繁盛也。又二十六里而至桥头，自桥头至连山关，约六十里，路线与细河并行，两面皆山，丹枫被之，间以苍松，景色极佳。

连山关，距沈阳百五十一里，清时，于辽阳以东置驿八，连山关其一也。八驿者，曰大安平，曰浪子山，曰甜水站，曰连山关，曰通远堡，曰雪里站，曰凤凰城，曰汤山城。凤凰城在连山关东南六十四里，以山名。山在城东南二里，上有废墟，朝鲜史家谓为高句丽永乐大王百八城之一云。又东南至高丽门，为清时六边门（威远、英额、旺清、碱厂、叆阳、高丽）之一。清未入关时，东境以边墙为限，其外则弃为瓯脱焉，边墙遗迹，今犹有可见者，凤城、安东以之分界。四时抵五龙背，五龙背距安东四十二里，地有温泉，中日之战，日军寻得之。日俄战时，日人设所于此，以疗养创病之兵。战后，日人庵谷氏，于此设浴场，并起旅馆，曰五龙阁。今乘安奉车至五龙背，凡买来回票者，价皆七折，盖以招徕游客也。是夜，即宿五龙阁中，脱履而入，席地而坐，侍女跽而进食，如见三古之风矣。

初九日，晴，晨起，附车至安东，安东之成市镇，盖数十年来事耳。咸丰以前，辽东沿海贸易，在大东沟与大孤山，与朝鲜贸易，则在九连城，安东殆无居人。同治中，登、莱之民，始有来此耕渔者，辽东之民，亦渐至焉，始成村落。二曰沙河子沙河镇，光绪二年，于此设县治焉。大东沟、大孤山、九连城之商业，皆渐移于此，今则出入货价，约值三千万元矣。出口以大豆、高粱、玉蜀黍、山蚕、材木为大宗，入口以棉布、麦粉、茶、糖、煤油、火柴为大宗。有日租界，又有属于铁路公司之地，布置皆极整齐，中国街市，不能逮也。

自车站出，乘人力车过鸭绿江，桥长二千九百五十余尺（约

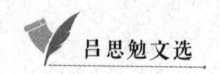

944米），工事二年乃成云。在桥上口占一诗："衣带盈盈鸭绿江，当年曾此赌兴亡。中原龙战玄黄血，海外夫余更可王。"渡江，为新义州界，抵领事馆，晤主事刘君康甫（名本钊，蓬莱人）。刘君言此间华侨二千，苦力居半，营商业者亦无大资本，有本钱现洋数百元者，即为雄厚矣。有一商会，以无大商，故魄力亦不厚。商会设一小学，学生仅三十，学龄儿童，固不止此，劝侨民子弟悉入学，事固甚难，学校既无经费，又无地，教员仅一人，欲图扩充，亦无从措手也。日人程度亦不高，以致遇有交涉，颇为费力云。朝鲜人苦税重，又不能无亡国之感，时有反抗之举。刘君言此间日本旅馆，价贵而不佳，不如回安东住中国旅馆，予等一茶后，乃兴辞而出。新义州街市甚寂寥，然布置规画，亦极整齐。华人聚居处，谓之中国街，入之，则湫隘嚣尘，不洁之状，匪笔能罄，真可愧也。闻小学即在商会后，然寻商会不得，想因路途不熟之故。游览略遍，腹中甚饥，乃仍乘人力车归安东，半日之间，出国入国已。凡朝鲜人过界，皆须持验护照，中国人入朝鲜不然。盖日人入中国境，亦通行无阻也。

朝鲜人皆白襌衣白帽，盖古系衣冠布之制也。案《郊特牲》，太古冠布，斋则缁之。《正义》：其冠惟用白布，常所冠也。若其斋戒，则染之为缁。《方言》：以布而无缘，敝而绽之，谓之襤褛。《说文》亦训襤为无缘。盖古深衣皆有缘，其无缘者谓之襤褛，乃为俭也。周时冠皆缁布，白布之冠，惟冠礼之始用之，示不忘本。衣尤无无缘者，故士会言楚若敖蚡冒，筚路蓝缕，以启山林，以为俭也。案朝鲜礼俗，皆受之殷，见于《三国志》、《后汉书》、《南史》、《北史》者，不可遍举。此白襌衣白布帽，亦必受之自古矣。感赋一诗："亥子明夷事可思，深衣白帽见殷遗。何当一舸丸都去，更访当年永乐碑。"抵安东，止于鸭江春逆旅，伯商亦赋新诗一首，云："鸭绿江，鸭绿江，你是分开自由与不自由的江。在你一边的自由，已经被驱逐了，强权当道，压力横施，凄惨情形，不堪言状。在那一边的自由，还算将亡未亡。鸭绿江，你何不卷起很大的风浪，把那强权，一齐扫荡。"饭后，出游市街，繁盛状况，不下沈阳也。途遇江君式古，江君名廷训，本校理化专修科毕业生，今兼任甲、乙种商业学校教员，方送友人如车站，约傍晚来访。是日，天气颇热，予辈行甚渴，乃还旅馆饮茶，旋复至日租界游览，街市规划，亦较中国街整齐，吾国对此，不可不猛省也。入一日本书肆，各买风景明信片数张，以为纪念。傍晚，返旅馆，则江君已来过矣。坐定，江君又至，欲约明日晚餐，以拟赴旧义州，还安东不能准定时刻，敬辞。江君改约后日，固辞不获，乃约明日还安东后再定。

　　初十日，晨起阴，旋晴，再至新义州，闻自新义州至旧义州，有摩托车可乘，而未审车行所在，问诸警察，乃知为定时开行之公乘之车，自八时至十二时，二时至六时，往来各开十次云。乘人力车至其地，榜曰多田商会自动车部。每次售票，以七人为限，时仅十时，而十二时以前之票，皆已售罄。不得已，乃购二时行之票焉。既购票，复至附近之地游览，已乃入日人所设西餐店午餐，店甚小，欲吃鸡且不可得，又寻面包而无之，肴馔不中不西，又不似日本馔，殊可笑也。

　　二时，乘摩托车赴旧义州，计程四十余里，历四十五分钟乃达。盖道不甚平，车又已敝，故行迟也。下车，则见关门，额曰海东第一关，犹朝鲜旧物也。关外皆茅屋，入关，屋宇尤低，高者予可攀其檐，低者行檐下将碍帽。不半里，见高丘，左折而登，官署在其址，又登，有标，书曰义州公园，旁书大正即位纪念，更升其颠，有亭曰统军。北望，见关门之外，山势逶迤而为平野。鸭江环丘下如带，隔江群山若屏列，亭有朝鲜任疏庵叔英所撰序，刻木悬正中，字小，又有模糊处，不能细读。后有大正三年十月重修记，日本所置平安北道长官謇堂川上常郎撰，亦镌木，则字迹清晰可辨，记言统军之名，不知所由来，中日、日俄之战，日军皆驻

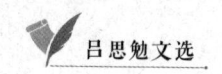

此，彼乃以为识合云。口占一绝："营丘高耸马訾横，对岸群山列似屏。谁使邪摩来应谶，春风坐领统军亭。"时有一朝鲜学生亦来游，西农操日语与语，问义州更有名胜可游览否？除自关门至此，更有市肆否？皆言无有。乃下，出关，更乘摩托车归，车将开而坏，坐待其修理，历半小时，更成一诗，以志义州："檐低时碍帽，巷小劣容车。茅舍对残堞，官衙依废墟。山夷平野阔，江近稻田腴。雄关题署在，重闭意如何。"（鸭绿江下游两岸，皆产水稻。）

还逆旅，江君式古来，约明日午饭，予辈以近日夜睡甚不适，明日上午，拟即趁车还奉，坚辞之，江君乃改约晨八时，在后聚宝街聚仙阁会餐，拳拳之意，殊可感也。

江君去后，饮者大器，盖鸭江春乃以饭庄兼逆旅者也。不徒不能卧，亦不能坐读，避之之处，辗转不得，最后乃得一策，赴中华舞台观剧焉。剧甚无味，不新不旧，情节尤为不伦。予素不观剧，在上海七年，观剧不过十余次，尚强半非出自愿。今日到此，聊胜于旅馆中听猜拳哗笑之噪音而已，一笑。十时半，度饮者已散，遂还。

是日为国庆日，安东各学校及公共团体，午前皆集道前庆祝，商店则升国旗而已。

十一日，阴，晨赴江君之约，同席者，安东陶君子言（德盛），安东劝学所所长，李君庚襄（献廷），东边道立中学校校长，兼道教育会会长。沈阳臧君斌如（世寿），安东甲种商业学校校长。谈次，知安东教育经费，亦甚竭蹶，又以币制紊乱，商人不得不用日币，市价为日人所操纵，商务亦颇受损失云。食罢，遂行。江君又送予等至沙河镇，并赠予等水果数种。十一时十分，车行，七时十分抵沈阳。在连山关至桥头道中成一诗："两山被红叶，车行一径间，下有细河流，并毂鸣潺湲。十里见一邑，五里见一村。妇稚各自得，鸡犬静不喧。每怀避世意，窃爱山景闲。所恨渔人多，破此秦桃源。"抵沈阳，与伯商、西农，小饮酒家，然后入校，即席又成一诗："不耐悬车后，何人霸此州。山川销王气，风雨入边愁。放虎知谁咎，嗷鸿况未休。殷忧那向好，且上酒家楼。"予弃诗文几二十年，平时偶有所感，得一二劲句，亦恒不足成一章，良不欲用心于此也。近忽三日而作诗六章，诚近年来罕有之事，然所作无异俚吟已，拳不离手，曲不离口，鏧帨之饰，固亦小道可观矣。

朝鲜为东方君子之国，亚洲诸国，濡染中国之文化，无如朝鲜之深者。日本其后起者也，安南抑尤不逮已。近人争言舍力征而尚文治，若朝鲜其庶几哉。其尚道义，耻诈谖，贱争攘，无一不与我同，真我高第弟子也。虽一时见诎于人乎？然有小诎必有大信，天道好还，武力其可终恃哉！朝鲜与吾，感情尤洽，远者且勿论，王氏世尚元公主，附于元若外臣，明祖之兴，其末主欲举兵犯境，国人弗欲。李朝太祖，因民心之弗顺，以覆王氏。自太祖至于成宗，九世百年，皆锐意振兴文化，海东文物，灿焉备矣。丰臣秀吉之侵朝鲜，明神宗倾国援之，虽无大功，而朝鲜人感念其意不衰。明之末造，力屈于清，播越者再，然终阴助明。清世祖既入关，朝鲜孝宗犹训卒砺兵，欲伺其后，既不获报，肃宗时，仍筑大报坛，以太牢祀神宗。英祖时，又尊祀太祖及毅宗焉。模刻明成化中所赐印，为子孙嗣位之宝。正祖辑《尊周汇编》，三致尊攘之意，终李朝，未尝用清年号，奉其正朔。吾有朝鲜之友二人，皆言朝鲜中国，犹一家也。每阅报，见中国国事败坏，即愤惋，曰：已矣，无可为也已。夫以数千年之历史言之，则中国之于朝鲜，诚犹长兄之于鞠子也。死丧之威，兄弟孔怀，而今中国之于朝鲜何如哉！

## 青年时代的回忆

　　这些话，现在说起来，好像是造作出来，以博一笑的。然而我敢发誓：这都是我在小时候，亲见亲闻的事实。这时候我正住在一个偏僻的地方，大约那地方太偏僻了，所以如此罢？然而说这些话的人，相信这些话的人，都并非下层社会中人，有几个，还是读书明理的士子呢。

几行衰草迷烟柳，一片斜阳下酒楼，又是深秋时候。
这使我回忆起青年时代的情景来了。一个小小的镇市，镇的西尽头，有两间破旧的楼屋。这楼其实不高，因其在镇的尽头，更无遮蔽了，望出去，却觉得空旷。楼屋既旧，屋中桌椅等的陈旧破败，更不必说。然而镇上只有这一个酒家，沽些村醪，亦略有些下酒物，如豆、花生之类。要吃热菜，却没有了，除非是到外面小饭店去叫。爱喝酒的人，约几个朋友，到那里去高谈阔论，猜拳行令，每人喝上两三斤酒，固然是好的，假使醉翁之意不在酒，独自踱得去，靠着窗棂，拣个座儿，眺望那霜稻登场野色宽的情景，亦无不可。镇上可以眺远的建筑，除此之外，再没有了。如此行来，倒也自得其乐。如有知己的朋友，约一两个去，谈谈说说，自然更好。到暮色苍然，大家就各自散了，或者独自回去。因为窗外再没有什么可以眺望了。除非有月色或雪景。然而乡下的市面是早的，久留于外，搅扰着人家不安，自己也觉得无谓。
　　家里，自然也有亲戚朋友来。来了，也留人家吃饭，酒不过数行，菜不过数簋。比平时吃晚饭，时间略为延长些。饭罢，回家的略坐告辞，留宿的，谈谈，也就道了安置。长夜之饮，是我在青年时代，没有看见过的。

逢时过节，大家都空着游玩，自然是比较热闹些。趁这机会做小买卖的也多，自然看见的东西，比平时要多些。然亦总不过如此，无甚可以刺激得起兴趣的。如今想起来，最使人爱恋不忘的，倒是那木刻而用套板印的图画。我那时最爱看的，是战争的事情，如关公温酒斩华雄、李元霸三锤击走裴元庆、蚍蜉庙等。此项图画，小的只有现在连环图画这么大。一张纸，长约尺许，宽倍之。均分做十六格或二十格，每格各画一件故事。大的，却比一张方桌面还大些，只画着一件事。人物都奕奕有神，远较今日连环图画为精。

这时候的人，见闻是很窒塞的。还记得甲午战时，有些人根本不知道日本在哪里，只约略知道在东方罢了。我家里算是有书的，便翻些出来看。还有亲戚朋友来借看。我还记得：翻出来的三种书，一种是《海防论》，一种是《海国图志》，一种是《瀛环志略》。那自然《瀛环志略》是最新的了，然而在《瀛环志略》中，还找不出德意志的名字。于是有人凭空揣测，说德意志一定就是荷兰。因为在传说中，德意志很强，而在《瀛环志略》中看，荷兰国虽小，也颇强盛的，那自然是他并吞他国后改名的了。那时候，还有人说：日本的国土（这两个字，见佛家经论中。土字读去声，如杜。现在的人口中还有这句话，下笔却不会写了，便把它写作度字，度字是有可解的）比朝鲜小。因为那时候，有一种篾扇上画着中国地图，也连带画着朝鲜、日本。画到日本时，大约因为扇面有限，就把他缩小了。这时候的人，真是除科举之学以外，什么也不知道的。他们所相信的是些什么话？我现在试举几句做例。那时候，中国战败了，把台湾割给日本。刘永福据着台南抵抗，大陆侈传他的战绩，真是无奇不有。有的说：刘永福知道日本的马队要来了，派几百个人，一人肩着一根竹竿去抵抗。吩咐他：见日本兵，便把竹竿抛在地下跑回来。那些人遵令行事，日本兵的马，跑到竹竿上，都滑跌了，马上的兵，都跌下来。刘永福却早在旁边埋伏了兵，一拥而出，把日本兵都打死了。又一次，日本兵在水边上，刘永福传令，收集了几百顶箬帽，把他浮在水面上，日本兵看见了，以为中国懂得水性的兵，泅水来攻了，一齐发枪射击。到枪弹放完了，刘永福的伏兵却出来，把日本又打得大败。有人说：刘永福奇谋妙算如此，政府为什么不早用他做大将呢？有人说：政府本来征求过他的意见的，刘永福要和各外国同时开仗，把他们一齐赶掉。政府认为这事太大了，所以不敢。有人说：以刘永福之才，就和各国同时开仗，怕什么？不过国运是难说的，万一打得正得手，刘永福倒病死了，那就成为不可收拾之局了。又有人说：刘永福算得什么？听说他的计策，都是一个白发的军师，替他出的呢。后来刘永福内渡了，又有人说：就是这位军师，替他定下计策脱身的。因为仰观天象，知道气数如此，台湾终于不能守，不必枉害生灵。所以定下计策，自己先走三天，却留下一个锦囊妙计给刘永福，叫他三天之后，依计而行。果然神不知，鬼不觉走脱了。不但自己不曾被害，就是军队也都依计遣散，丝毫没有损伤。到日本兵进去，已经都是空营了。还有人说：日本兵到中国来，根本不知道地理的，都是李鸿章，把地图送给他。这些话，现在说起来，好像是造作出来，以博一笑的。然而我敢发誓：这都是我在小时候，亲见亲闻的事实。这时候我正住在一个偏僻的地方，大约那地方太偏僻了，所以如此罢？然而说这些话的人，相信这些话的人，都并非下层社会中人，有几个，还是读书明理的士子呢。

## 猫友纪

昔孔子作《春秋》,张三世,于万事万物演进之理,罔不该焉。故犬者,乱世之畜也。养之以猎物,并以残人。牛马者升平世之畜也,人役其力以自利。猫者太平世之畜也,人爱其柔仁,与之为友,而无所利焉。

孟子曰:"舜之居深山之中,与木石居,与鹿豕游,友岂必其人也哉!"陈雪村署其室曰"友猫",有以也夫!

老白猫,予幼时所畜,不知其所由来。壬辰(1892年)予九岁,随宦江北,尽室以行。予家有猫二:一老白猫;一董猫也。携董猫以行,大姑来居予宅,以老白猫属之。未几,得大姑书云:老白猫去不归矣。未知其何适也。抑此猫已老,以病出,死于外邪?未可知也。此猫颇猛,予小时畜兔二、画眉一,皆为所杀,然不恶之也。

董猫亦曰百两猫,予母从妹适董氏者所赠,故曰董猫。尝权之,重六斤四两,适得百两,故亦曰百两猫。此猫黑白色,头上白下黑,如两髦焉。面圆而毛光泽,甚美。予母尝抚之曰:女何美如此也。予年九岁始好猫,而从母以此猫见赠,携之往江北,恐其失去,恒闭房门,不许其入院落,久乃释之。十四岁丁酉(1897年)自江北归,临行匆匆。此猫适外出,遂未能携之归,后常痛惜之。此猫亦名志道,众又呼之曰阿道。

予在江北,又得猫二:并董猫名之曰志道、据德、依仁、游艺。据德为一狸猫,后携归江南,依仁不久死,今忘其形状矣。游

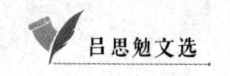

艺亦黑白猫，不美，亦未久而失。

丁猫，岁戊戌（1898年）大姐家所赠，大姐适丁氏，故曰丁猫。此猫亦黑白色，其美亚于志道，后黑白猫至，众呼为小猫，因呼此猫为老猫。

黑白猫，即对丁猫而呼为小猫者也。不如丁猫之美，此猫至予妻来归后乃死。

小三色猫，予妻来归后首求得之猫也。时予家之猫，惟黑白猫耳。予妻以其不美，求猫于其母家，其母家首以此猫赠，然亦不美。

大三色猫亦曰三猫，亦曰四角猫，其面下半白，上半左右黑而中黄，恰成四角，故曰四角猫焉。甚美，尝游予妻家，时予妻求美猫未得，其三姑见之，亟捕之，使人送致予妻。此猫后小三色猫至，然长于小三色猫，故称为大三色猫焉。大三色猫生大龙。

谚曰：一龙二虎，三猫四鼠。谓猫乳子愈少愈强，愈多愈弱也。四角猫以岁丙午（1906年）产一牡猫，众因名之曰大龙，或亦呼为龙心。是岁二姑归宁，予父以赠之，予与予妻不欲，二姑行之日，私将此猫寄之予友史文甫家，二姑既行，乃又抱之归；家人但以为猫适出而已，不知为予与予妻所匿也。

二十角猫，黄白色，颇美。予妻以小洋二十角买诸人，故曰二十角猫。性好斗，家中旧畜之猫，皆畏之，以是颇恶之。一日伴予妻昼寝，予妻抚之曰：女旧主人不好，奈何以二十角而卖汝邪？居予家，须和善，不可与旧猫斗也。已而予妻乳子，家人恶是猫之嚣也。寄之蒋义和杂货肆中，是肆之主人，与予家交易数十年矣，乃以之赠人，而告予家曰：猫自走失矣。予家知其诡，然无如之何也。

阿黄亦曰老人堂猫，老人堂者，东门外养老堂之俗称也。是猫金黄色，颇美，日睡于老人堂东庑，堂中人不悦。一日，予与陈雨农游老人堂，见而美之。堂中人曰：女爱之，携之去可也。予曰：

女如肯送致我家，当畀女钱二百。其人悦，遂送之来。

黑猫，汪千顷赠予，家中旧猫攻之，黑猫逃之徐桂宝丈家，桂宝丈家方患无猫，悦而留之，予亦遂听之弗索也。

予家之西，为予外家之祠，有妇人居焉。倚市门之徒也。好猫，所畜猫有走之余家者，其毛多黑而少白，甚美，爱而留之，名之曰阿黑。阿黑之旧主谓予家庖人曰：吾有猫在汝家邪？庖人曰：安有是？其人笑曰：女勿隐也。彼自乐居汝家，予岂必强之归哉！且予所畜猫凡四，此其下焉者也。出其三猫以视庖人，皆较阿黑为美。然阿黑予家已以为美猫矣。阿黑老而得疾，居几案上，忽昏坠于地，四足搐搦，俄顷乃定，如是者，岁再三发。后鼻又生疮，溃烂两岁余，百计治之不愈，后忽自愈，又半年，以他疾死。

三花三色猫。大花亦三色猫，在予家所畜猫中为最美。本唐家湾居民所畜，有淮南人知予家好猫，窃之来献以要赏。予妻甚爱之，后怀孕将乳，夜走入花瓶中，首入而身不得入，亦不得出，死焉。予妻为垂泣三日。

小花亦三色猫，生子四，曰阴阳师，以其面半白半黑也。曰烂眼皮，以其眼角有溃烂处也。此二猫皆以赠人，烂眼皮去而复归，家人哀之，听其停留半日一夜，明晨乃复以赠人焉，后颇悔其未遂留之也。曰小黄，为仆妇踏杀。曰虎斑，以其毛色颇似虎也。此猫亦未长大死。

小吾头亦曰白天，陈雨农夫人所赠。此猫亦殊美，其首之大，它猫莫比也。而性慈祥，虽为雄，其爱小猫或过于雌猫焉。故人皆称之曰君子猫也。

黑大，钱志炯所赠，与小吾头同时。小吾头多白，曰白大，此猫多黑，曰黑大。生小白、小黑、宵眉小白。宵眉小白者，两眉间特宵陷故名，颇美，惜未长成而死。又生阿白、白鼻、白眉及小阿白、梅花。黑大以廿三年（1934年）二月二十日死。

阿白亦曰白白，亦曰必揪，亦曰独角。此猫甚大，面亦圆美，

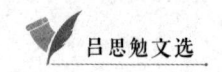

惜头颇小也。日人陷辽沈，或为谣曰：独角独角，渡过东洋，灭落敌国。闻者异之。二十年（1931年）十二月三十一日夜，阿白得疾不能食，而汗出如沈，毛尽湿。明年一月二日予为访医师陈舜铭。舜铭亦无策，是夜阿白走出，觅之不得，三日午复归，四日夜死。

白鼻全身毛皆黑色，惟鼻有分许白，故名。昔陆放翁有猫曰粉鼻，殆亦如是邪？此猫不美而颇驯，出外夜能扣侧门归，已见猫打门一则矣。此猫予家婢曰顾玉珍最爱之，尝保抱之，有食必畀焉。后失去，而丁捷臣见之于大树头（予家东北街名），盖为人所窃也。

白眉与阿白、白鼻同产，毛皆黑，惟眉间有数茎白，故名。后此数茎亦黑，又名黑米，面颇圆美，予女翼仁悦之，老而患腹泻，久之不愈，二十四年（1935年）冬出不归，盖死矣。

小阿白与梅花同产，此猫居外时多，二十三年（1934年）一月二十日走出，久之不归，以为不归矣。二月八日复归，六月初再走失，七月四日复归，二十五年（1936年）春又出，至今未归也。

以上二十五年（1936年）九月十五日记，生存之猫未与。

## 随笔三则

### （一）猫坠入井

予妻最爱猫，家中之井用后必以物盖之，防猫之失足而坠也。人多嗤其过虑。然予读《辍耕录》云：据井有毒条上"平江在城娥媚桥叶剃者门首檐下有一枯井，深可丈许，偶所畜猫坠入，适邻家浚井，遂与井夫钱一缗，俾下取猫，夫父子诺，子既入井，久不出，父继入视之亦不出，叶惶恐系索于腰，令家人次第放索，将及井底，亟呼救命者，拽起下体已僵木如尸，而气息奄奄，乡里救活之，白于官，官来验视，令火下烛，仿佛见若有旁空者，向之死人一横卧地上，一斜倚不倒，钩其发提出，偏身无恙，止紫黑耳"。案此所述三人，死其二，一亦几死之情形，庸不甚确，然南村能举其事在至正己亥八月初旬。则非尽伪传无据，其尝杀二人而一亦几死，恐近乎真。则以物掩井，亦谨慎之一道也。要之谨慎而过，终胜于寡虑而失之也。

### （二）太平畜

昔孔子作《春秋》，张三世，于万事万物演进之理，罔不该焉。故犬者，乱世之畜也。养之以猎物，并以残人。牛马者升平世之畜也，人役其力以自利。猫者太平世之畜也，人爱其柔仁，与之为友，而无所利焉。或曰猫性残，人畜之以捕鼠，又必食之以鱼或犬豕之肉。太平之世，物无相残者，安可畜猫？不知物经豢养，性质则随人而变，猫非不蔬食也。今之食肉，处境使然。太平之世，饮食宫室，皆与今大异，尚何鼠之可捕，猫亦何必食鱼，若犬豕之肉哉！今中国人多好猫，欧洲人多好狗，即其去游牧之世未远，性残好杀之证。夫犬不徒噬人害物也。狲其病传染及人，诒祸尤烈。日本某医家尝谓今人以保护财产，故而畜犬以害人，实为背理之尤。欲绝恐水症，非尽杀天下之犬不可，又治法学者谓，好犬之人多率犯罪云。

### （三）黑白猫

倭寇降伏后，予重来上海，所见之猫，最可爱者：一为光华大学图书馆之白猫，馆中工人李锡根畜之。锡根甚爱之，常与以美食。此猫与人最亲，呼之辄至，后以兔乳后染疾死。次之则华东师范大学中之黑猫。辛卯（1951年）秋，光华、大夏等大学合并而为华东师范大学，予亦自光华转至华东任职。华东校址就故大夏地址，予居教职员宿舍第二号，女翼仁随焉。大夏旧教职员有调往东北者，遗所畜黑白猫而去，黑白猫时尚小，见予女辄相随，因遂畜之。明年生一小猫，即此黑猫也，与人尤亲。癸巳（1953年）春仲予等还里，阅十一日而来，此黑猫忽病，后足几不能行，亦不能食，二月二十七日夜（二十八日寅正），哀号数声而死，声甚惨厉。或云后足不能动，脊骨为人所伤也，未知信否？

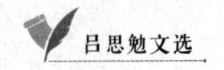

畜猫之始：古埃及纪念物木乃伊皆绘有猫形。

食人者必食犬，可知食人之俗起于猎人。

黑米，廿四年（1935年）冬出未归。

小阿白，廿四年（1935年）冬出未归。

萧女士见诒，中为美右次之左为下。

小丫头——扁大——白大

十五年（1926年）十二月二十二日失之，十六年（1927年）正月十一日复归。十八年（1929年）七月十二日病走出，十三夜在北墙上抱归不食，十四午乃食，晚仍出，十五午归，晚出遂未归。

阿白廿一年（1932年）正月初四日死。三十二年（1943年）七月初四初五黄猫闲置书房中，初五夜病，初六日见其吐虾仁等物甚多，是晨尚病，午后愈。

（猫乘）梅花即阿乎，三十年（1941年）十二月初八日死。

中黄，一名阿冯，三十八年（1949年）六月卒，三十四年（1945年）生。

1955年6月18日（旧历四月廿八）时予在沪，武大来信，云小黄4日不归。23日（旧五月四日）又得永武书云，志冠云已为畜鸽者所杀。

28日（旧五月九日）夜梦在高台之边，见下有猫黄色，予警呼小黄归矣，欲垂绳援之，未果后醒。

老黄初名小黄，战前之猫也，梅花死于沦陷时，老黄至三十七年（1948年）2月17日（戊子一月八日）乃死，年十五六矣。其病在初六七间，约历十余日，系呼吸困难，且不能食，此猫最勇，虽见狗亦必跃登其顶而与之斗。

## 狗吠

　　远在二千年前，专制君主论功行赏时，就有功狗功人的比喻。既然如此，一个忠实武勇之群，就不得不推一个阴险狡猾的人做首领。既然推了这种人做首领，功成事定之后，哪得不受其宰割呢？如其功不成，事不定，那自然狗是牺牲，而人先逃避了。

　　"客自故乡来，应知故乡事。来日绮窗前，寒梅著花未？"这是太平时代的诗人，有此闲情逸致，想到故乡窗外的梅花。在乱离时，则别来三日，已不知故乡是何情状了。"煮叶持作饭，采葵持作羹，羹饭一时熟；不知遗阿谁？"还有什么心情，悬念到梅花呢？
　　我是抱着孔子"君子居之，何陋之有"，屈原"何必怀此都也"的志愿的。"我不入地狱，谁入地狱？"我觉得越是凄凉寂寞的地方，越该有人发大誓愿前去。"岂鹿豕也，而常聚乎？"我难道有什么依恋故乡之心？然而数十年来虽然背离了，岁时伏腊，总还回去走走的地方，阔别三年有余，见了来人，问一声："现在的情形怎样？"总还是情所不免。
　　他回答得很幽默。他说："现在狗吠的声音，比从前利害了。"
　　这是什么话呢？我愣着。
　　他续说道："狗不知道时势变了，还只认得向来所见惯的人。而今异样的人多了，狗见着他就叫。白天里不打紧。在深夜，他们得了慰安回来的时候，就要逢彼之怒了。或者拔出刀来刺，或者以现代的武器相对付。以现代的武器相对付，倒也罢了。被刺刀所刺

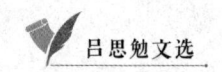

的，伤而不死，真惨痛啊！我曾见一只狗，肠拖腹外，还惨切叫号了两三天。然而狗见了他们还是叫，不但没有受过伤的，就是受过伤的，甚而至于还带着伤的，也是如此，态度绝不改变。狗真有气节啊！现在的家乡，绝不是从前的情形了。从前，我们联床情话时，夜深人静，抑或听得狗吠的声音，开门出视，只见一条深巷，月明如水，行人绝迹而已。这种情形，在当时虽觉得惨澹，现在想起来，倒也幽闲有致。现在再没有这种情景了。夜深人静，听得狗吠时，再也没有人开门去看。"

他说着叹息，我也叹息。我想着：狗不是人最早的朋友么？任何考古学家，都知道在史前史上，畋猎是人类社会最普通的一个阶段。寻觅，追逐的伎俩，人是万万及不上狗的。所以人类在打猎时，多需要狗的帮助。然而狗也有需要人帮助的地方。有种动物，狗虽然能寻着，追着，却不能制伏他，就成了人的食品，人在餍足之余，亦剩些零头碎肉，投与狗吃。狗自以为得着人的豢养，就认常相依附的人为主人，而更愿效忠于他了。我们知道：优胜的阶级，总是不受任何约束的，屈伏的阶级，却须守一定的义务；所以男人可以娶妾、通奸，女人却绝对不可；甚而至于再嫁也算做不道德，虽然不甚受法律的制裁，而社会的制裁，比法律还要严厉；而臣道，在经书上，也和妻道一样。人和狗的利害不相一致时，负心的自然是人。"高鸟尽，良弓藏，狡兔死，走狗烹"，这固然是寓言。然而在古书上，我们只看见狗屠，却从不曾见过猪屠，就可见古人的吃狗，远较吃猪为多。这并不是今人对狗的同情心忽然扩大了，乃是距畋猎之世远了，畜狗之风已衰，所以没有人把狗当作日常的肴馔。古人则不是如此的。所以"狡兔死，走狗烹"的谚语，并不是随意造作，在这一句谚语里，正反映出古人食狗者之多来。以公道论，我们不该替狗叫屈么？狗正是忠臣，尤其是武士的象征啊！然而屠和烹，却是狗必然的命运。为什么呢？因为世界上的事，到底是要斗智的，不能专靠斗力。狗，固然很灵警，亦不能说不刁狡，然而总只是狗的灵警刁狡，真正要用起智力来，他这种灵警刁狡，就非另有指挥运用他的人不可了。所以远在二千年前，专制君主论功行赏时，就有功狗功人的比喻。既然如此，一个忠实武勇之群，就不得不推一个阴险狡猾的人做首领。既然推了这种人做首领，功成事定之后，哪得不受其宰割呢？如其功不成，事不定，那自然狗是牺牲，而人先逃避了。我们不真要替狗叫屈么？然而谁使你依赖了人以谋食来？你要向外谋食，就非倚赖阴险狡猾的人不可，既依赖了阴险狡猾的人，就非被他牺牲宰割不可。狗的命运，还是狗自己铸定的啊！

## 中国未经游牧之世

言社会演进者，多谓人之求口实，必自渔猎进于游牧，自游牧更进于农耕。其实不然。自渔猎径进于农耕者，盖不少矣，中国即其一也。

谓中国曾经游牧之世者，多以伏羲氏为牧民之君长，此为刘歆、郑玄、皇甫谧所误也。《易·系辞传》云："古者包牺氏之王天下也，仰则观象于天，俯则观法于地；观鸟兽之文，与地之宜；近取诸身，远取诸物；于是始作八卦，以通神明之德，以类万物之情。作结绳而为网罟，以佃以渔，盖取诸离。"《经典释文》云："包，本又作庖。郑云取也。孟、京作伏。牺，郑云：鸟兽全具曰牺。孟、京作戏，云伏服也，戏化也。"案《白虎通义·号篇》云："下伏而化之，故谓之伏羲也。"《风俗通义》引《含文嘉》云："伏者，别也，变也。戏者，献也，法也。伏戏始别八卦，以变化天下，天下法则，咸伏贡献，故曰伏戏也。"盖今文旧说，孟、京所用。《汉书·律历志》曰："作网罟以田渔取牺牲，故天下号曰炮牺氏。"盖郑说所本。《易》但言田渔，歆妄益取牺牲三字，实非也。《礼记·月令正义》引《帝王世纪》曰："取牺牲以共庖厨，食天下，故号曰庖牺氏。"则又以庖字之义，附会庖厨，失之弥远矣。《太平御览》引《诗纬含神雾》曰："大跡出雷泽，华胥履之生伏羲。"（《易·系辞传疏》引《帝王世纪》曰："有大人迹，出于雷泽，华胥履之，而生包牺。"）《淮南子·地形训》曰："雷泽有神，龙身人头，鼓其腹而熙。"《山海经·海内东经》曰："雷泽中有雷神，龙身而人头，鼓其腹。（《史记·五帝本纪正义》引作'鼓其腹则雷'。)在吴西。"(此吴即虞字,可见雷泽即舜所渔也。)《鲁灵光殿赋》曰:"伏羲鳞身,女娲蛇躯。"(李善《注》引《列子》曰:"伏羲、女娲,蛇身而人面。"又引《玄中记》曰:"伏羲龙身,女娲蛇躯。")古者工用高曾之规矩,殿壁画象,亦必有所受之,则古神话以伏羲在沼泽之区不疑也。《管子·轻重戊》曰:伏羲"作九九之数,以合天道"。八卦益以中宫,是为九宫。明堂九室,取象于是。明堂之制,四面环水,盖湖居之遗制。伏羲之社会,从可推想矣。(伏羲所重,盖在于渔,故《易》称其作结绳而为网罟。网以取鱼,罟则并举以浃句耳。尸子云:"燧人之世,天下多水,故教民以渔;宓牺氏之世,天下多兽,故教民以猎。"似不甚合,然亦不云其曾事牧也。作结绳为网罟,疑即一事。说者以结绳为未有文字时记事之法亦非。)又有以黄帝为游牧之世之君长者,以《史记·五帝本纪》有"教熊、罴、貔貅、䝙、虎"之语也。(此亦本非畜牧之事。)然其上文不言其"治五气艺五种"乎?又以其言黄帝"迁徙往来无常处,以师兵为营卫"也,然其上文不又言其"邑于涿鹿之阿"乎?古人随意衍说,其辞多不审谛,要在参稽互证,博观约取,安可据彼单辞,视为定论也?

中国与游牧民族遇,盖起战国之世。春秋时侵齐、鲁又侵郑者有山戎,亦曰北戎;侵晋者有赤、白狄;皆在今河南北及山东境。其在今陕、甘境者,则《史记》所谓"自陇以西有绵诸、绲戎、翟、豲之戎,岐、梁山、泾、漆之北,有义渠、大荔、乌氏、朐衍之戎"者也。史记将此等尽入之匈奴传中,后人遂皆视为匈奴之伦,此实大误。匈奴乃骑寇,此则所谓山戎。(山戎犹后世言山胡、山越,乃诸部之通称,非一族之专号。)山戎之与我遇也,皆彼徒我车,与后世西南诸族,则颇相似矣,于匈奴乎何与?骑寇之名,昉见《管子·小匡篇》,此篇虽述管子事,实战国时人作也。篇中言桓公破屠何。孙诒让《墨子闲诂》谓即《周书·王会》之不

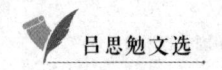

屠何。《非攻》云：且不一著何亡于燕、代、胡、貉之间。且当作祖，不一著何，则不屠何之衍误，后为辽西之徒河县。其说似之。绵亘燕、代、胡、貉之间，盖当时一大族矣。自此以西为林胡、楼烦，后为赵所慑服。又其表则为匈奴，赵徒攘斥之，而未能慑服之，至秦、汉世，遂收率游牧之族，大为北边之患焉。《史记》云："燕有贤将秦开，为质于胡，胡甚信之。归而袭破走东胡。东胡却千余里。……燕亦筑长城，自造阳至襄平，置上谷、渔阳、右北平、辽西、辽东郡以拒胡。"五郡之表，不得皆为东胡。东胡，汉初居匈奴东，冒顿袭破之。其后匈奴单于庭直代、云中，左方王将居东方，直上谷。上谷似即东胡旧地也。此等皆战国时北方骑寇。古所谓大行之脉，起今河南、北、山西三省之交，东北行，蔽河北省之北垂，至于海，盖皆山戎之所居，为中国与北方游牧民之介，山戎之居，地险不易入，其民贫，亦无可略。斯时游牧之族，部落尚小，亦无力逾山而南。中国之文明，实在此和平安静之区，涵育壮大也。

或曰："子言骑寇虽见管子书，实说战国时事，似矣。"然孔子称管仲之功曰："微管仲，吾其被发左衽矣。"何也？（《论语·宪问》。）曰：安见《论语》中遂无战国时人语邪？不特此也。中庸："子路问强。子曰：南方之强与？北方之强与？抑而强与？""衽金革，死而不厌，北方之强也，而强者居之。"所说亦战国后情形也。又曰："今天下，车同轨，书同文，行同伦。"则弥可见为秦始皇一统后语矣。《国语·齐语》谓齐桓公筑五鹿、中牟、盖与、牡丘，以卫诸夏之地，所拒者亦不过山戎、众翟而已。（韦《注》说。）《左氏》谓齐侯伐山戎，以其病燕，所病者南燕，非北燕也。别有考。

亚里士多德谓人之谋生，不外畜牧、耕稼、劫掠、捕鱼、田猎五者。（见所著《政治论》第一编第八皋。吴颂皋、吴旭初译本。）劫掠之技，起自田猎之世，盖以施诸物者移而施诸人也。

然田猎之世，口实实少，不能合大群，故其侵略之力不强，至游牧之世，则异是矣。中国自秦、汉以后，屡为异族所苦，实以居其朔垂者为游牧之民故也。然中国可谓善御游牧民者矣。夫西洋之有希腊、罗马，犹东洋之有中国也。今西方之希腊、罗马安在哉？其在东方，则中国犹是中国人之中国也。此文明之扞城也。岂易也哉？或曰：中国当皇古之世，亦尝有牧人征服渔人之事。观古代牛、羊、犬、豕为贵者之食，鱼鳖为贱者之食可知。此说盖是？但其为时甚早，其事迹，书传已无可考矣。

## 农业始于女子

　　今社会学家言：农业始于女子。求诸吾国古籍，亦有可征者焉。《周礼·天官》内宰："上春，诏王后帅六宫之人，而生穜稑之种而献之于王。"（《注》："古者使后宫藏种。"）是藏种职之女子也。《穀梁》桓公十四年："甸粟而内之三宫，三宫米而藏之御廪。"文公十三年："宗庙之礼，君亲割，夫人亲舂。"《国语·楚语》曰："天子禘郊之事，必自射其牲，王后必自舂其粢。诸侯宗庙之事，必自射牛，刲羊，击豕，夫人必自舂其盛。"《周礼·地官》：舂人有女舂抌。饎人有女饎。《秋官》司厉："其奴，男子入于罪隶，女子入于舂藁。"是粟米之成，又由于女子也。《天官》九嫔："凡祭祀，赞玉齍。（《注》：'玉敦，受黍稷器。'）赞后荐徹豆笾。"世妇："掌祭祀宾客丧纪之事。帅女官而濯摡，为齍盛。及祭之日，涖陈女宫之具。凡内羞之物。"《春官》内宗："掌宗庙之祭祀，荐加豆笾。及以乐徹，则佐传豆笾。宾客之飨食亦如之。"大宗伯："凡大祭祀，王后不与，则摄而荐豆笾徹。"《礼记·郊特牲》曰："鼎俎奇而笾豆偶，阴阳之义也。"《仪礼·有司徹》曰："宰夫羞房中之羞于尸侑主人主妇，皆右之。司士羞庶羞于尸侑主人主妇，皆左之。"《注》曰："房中之羞，其笾则糗饵粉餈，其豆则酏食糁食。庶羞，羊臐豕膮，皆有埶醢。房中之羞，内羞也。内羞在右，阴也。庶羞在左，阳也。"（《聘礼》："醯醢百瓮，夹碑十以为列，醢在东。"《注》："醯谷，阳也。醢肉，阴也。"《疏》："醯是酿谷为之，酒之类，在人消散，故云阳。醢是酿肉为之，在人沉重，故云阴也。大宗伯云：天产作阴德，地产作阳德。《注》云：天产六牲之属，地产九谷之属。以六牲为阳，九谷为阴，与此醢是谷物为阳违者，物各有所对。六牲动物，行虫也，故九谷为阴。《郊特牲》云：鼎俎奇而笾豆偶，阴阳之义也。又以笾豆醯醢等为阴，鼎俎肉物总为阳者，亦各有所对。以鼎俎之实，以骨为主，故为阳；笾豆谷物，故为阴也。《有司徹》注又以庶羞为阳，内羞为阴者，亦羞中自相对。内羞虽有糁食，是肉物，其中有糗饵粉糍食物，故为阴，庶羞肉物，故为阳也。"案醢为阳，肉为阴，即"凡饮养阳气，凡食养阴气"之义。《疏》以消散沉重为说，是也。）是古之祭飨，男子所共皆肉食，女子所共皆谷食蔬食也。《祭统》曰："夫祭也者，必夫妇亲之，所以备外内之官也。官备则具备。水草之菹，陆产之醢，小物备矣。三牲之俎，八簋之实，美物备矣。昆虫之异，草木之实，阴阳之物备矣。凡天之所生，地之所长，苟可荐者，莫不咸在，示尽物也。"盖古者男女分业，非夫妇亲之，则不能备物，此其所以"既内自尽，又外求助"也。《左氏》隐公三年曰："苟有明信，涧溪沼沚之毛，蘋蘩蕴藻之菜，筐筥锜釜之器，潢汙行潦之水，可荐于鬼神，可羞于王公……《风》有《采蘩》、《采蘋》，《雅》有《行苇》、《泂酌》，昭忠信也。"《关雎》之诗曰："参差荇菜，左右流之。"毛《传》曰："后妃有关雎之德，乃能共荇菜，备庶物，以事宗庙也。"《采蘩传》曰："公侯夫人执蘩菜以助祭。神飨德与信，不求备焉，沼沚溪涧之草，犹可以荐。王后则荇菜也。"蘋蘩蕴藻，乃水处之民所食，而亦其所以祭也。《礼记·昏义》曰："古者妇人先嫁三月，祖庙未毁，教于公宫，祖庙既毁，教于宗室……教成祭之，牲用鱼，芼之以蘋藻。"《公羊》哀公六年："陈乞曰：常之母有鱼菽之祭。"是古猎为男子之业，耕渔皆女子之事也。猎以习战斗，则礼尚焉；耕渔较和平，则贱之而人君弗亲；（见《左氏》隐公五年臧哀伯谏观鱼。）盖人之好杀伐久矣。

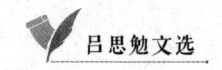

《曲礼下》曰："凡挚：天子鬯，诸侯圭，卿羔，大夫雁，士雉，庶人之挚匹。（《注》：说者以匹为鹜。）……妇人之挚，椇、榛、脯、脩、枣、栗。"《公羊》庄公二十四年："大夫宗妇觌用币。用者，不宜用也。然则曷用？枣栗云乎，腶脩云乎。"《左氏》亦载御孙之言曰："男贽，大者玉帛，小者禽鸟，以章物也。女贽，不过榛栗枣脩，以告虔也。"夫"居山以鱼鳖为礼，居泽以鹿豕为礼，君子谓之不知礼"（《礼记·礼器》），则贽必各用其所有。而男贽以禽鸟，女贽以榛栗枣脩，可见其一事猎，一事农矣。女贽亦以腶脩者，腶脩女子所制，非其从事于田牧也。又古者五母鸡，二母彘，为田家之畜；又家从豭省声。乡饮酒之礼用犬；而昏礼，舅姑入室，妇以特豚馈；知田家孳畜，亦女子所有事，而男子主行猎，故与犬特亲也。夫猎物者莫猛于犬；而人类杀伐之技，亦无不自弋猎禽兽来。当草昧之世，人与犬实相亲也。曾几何时，而人以屠狗为业矣。而人与人且相戕相贼矣。"兵犹火也，弗戢将自焚也"，岂徒施于人者为然哉？横渠曰："民吾同胞，物吾与也。"世岂有杀朋友以食弟昆，而可称为仁人者乎？抑岂有不反戕其弟昆者乎？大雄氏之戒杀，有旨哉！

## 肉食与素食

古惟贵者、老者乃得食肉，庶人之食，鱼鳖而已。汉世犹有其风。《汉书·王吉传》云：自吉至崇，世名清廉，禄位弥隆，皆好车马衣服，其自奉养，极为鲜明，而无金银锦绣之物。及迁徙去处，所载不过囊衣，不畜积余财。去位家居，亦布衣疏食。天下服其廉而怪其奢，故俗传王氏能作黄金。盖汉世居官者，多好畜积余财，藏金银锦绣，王氏一不事此，而惟以之自奉养，则固可使人怪其奢，何待能作黄金，彼岂不能预为他日计，而必一去位即布衣疏食，盖以为制度宜然也。《后汉书·崔骃传》云：子瑗，爱士好宾客，盛修肴膳，单极滋味，居常疏食菜羹而已，亦非力不能自奉，以为礼则然也。《三国蜀志·费祎传注》引《祎别传》曰：祎雅性谦素，家不积财，儿子皆令布衣素食，出入不从车骑，无异凡人。可见凡人皆布衣素食。其居官而仍素食者，则为俭德。《后汉书·孔奋传》：守姑臧长，时天下扰乱，惟河西独安，而姑臧称为富邑，通货羌胡，市日四合，每居县者，不盈数月，辄至丰积，奋在职四年，财产无所增，事母孝谨，虽为俭约，奉养极求珍膳、躬率妻子，同甘菜茹。《杨震传》：举茂才，四迁荆州刺史，东莱太守，后转涿郡太守，性公廉，不受私谒，子孙常蔬食步行。《党锢传》：羊陟拜河南尹，计日受奉，常食干饭茹菜。《三国吴志·是仪传》：孙权幸仪舍，求视蔬饭，亲尝之，对之叹息，即增俸赐，益田宅。及费祎皆其选也。

孔奋躬率妻子，同甘菜茹，而事母极求珍膳，所以养老也。闵仲叔客居安邑，老病，家贫不能得肉，日买猪肝一片，屠者或不

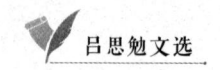

肯与，安邑令闻，敕吏常给焉。仲叔怪而问之，知，乃叹曰：闵仲叔岂以口腹累安邑邪？遂去。（《后汉书·周燮等传》。）其未去时，岂不能素食，亦以为养老之礼则然也。《郭泰传》：茅容年四十余，耕于野，时与等辈避雨树下，众皆夷踞相对，容独危坐愈恭，林宗行见之，而奇其异，遂与共言，因请寓宿。旦日，容杀鸡为馔，林宗谓为已设，既而以共其母，自以草蔬与客同饭。林宗起拜之曰：卿贤乎哉！因劝令学，卒以成德，亦养老之礼，犹存于野者也。

茅容以草蔬与客同饭，盖田家待客，本不过尔。故丈人为子路杀鸡为黍，《论语》亦特记之矣。然即贵人待客，于礼亦不甚奢。张禹成就弟子尤著者，彭宣、戴崇。宣为人恭俭有法度，而崇恺弟多知，禹心亲爱崇，敬宣而疏之，崇每候禹，常责师宜置酒设乐，与弟子相娱，禹将崇入后堂饮食，妇女相对，优人管弦铿锵，极乐，昏夜乃罢。而宣之来也，禹见之于便坐，讲论经义，日宴赐食，不过一肉，卮酒相对，宣未尝得至后堂，及两人皆闻知，各自得也。（《汉书》本传。）禹之待戴崇，特奢淫之为，其待彭宣则礼也。《三国吴志·步骘传》：世乱，避难江东，单身穷困，与广陵卫旌，同年相善，俱以种瓜自给。会稽焦征羌，郡之豪族，人客放纵，骘与旌求食其地，惧为所侵，乃共修刺奉瓜以献，征羌作食，身享大案，杀膳重沓，以小盘饭与骘、旌，惟菜茹而已。旌不能食，骘极饭致饱，乃辞出。旌怒骘曰：何能忍此？骘曰：吾等贫贱，是以主人以贫贱遇之，固其宜也，当何所耻。以贫贱遇人，食以菜茹，则知贫贱者食人，亦不过如是也。征羌之失，在其身享大案，殽膳重沓。若以一肉卮酒，与客相对，或如茅容，以草蔬与客同饭，亦不为失。何则？汉和熹邓后，朝夕一肉饭，而张禹亦以一肉赐彭宣，知食不重肉，贵人常奉则然，所以待客者，亦不过身所常御，征羌以是待客，又孰得而非之哉？《三国魏志·武宣卞皇后传注》引《魏书》曰：帝为太后弟秉起第，第成，太后幸第，请诸家外亲设,厨无异膳,太后左右,菜食、粟饭,无鱼肉。此亦以常礼待客,又可见在平时,虽贵人左右,亦不肉食也。

《汉书·货殖传》:任公家约,非田畜所生不衣食,公事不毕,则不得饮酒食肉,此古田家礼本如是。任氏特家富而不改其故耳。《盐铁论·散不足篇》曰:古者燔黍食稗,而燀豚以相飨,其后乡人饮酒,老者重豆,少者立食,一酱一肉,旅饮而已。及其后宾婚相召,则豆羹白饭,綦脍熟肉。今民间酒食,殽旅重叠,燔炙满案。又曰:古者庶人粝食藜藿,非乡饮酒、媵腊、祭祀无酒肉。故诸侯无故不杀牛羊,士大夫无故不杀犬豕。今闾巷县佰,阡伯屠沽,无故烹杀,相聚野外,负粟而往,挈肉而归。又曰:古者不粥饪,不市食。及其后则有屠沽沽酒,市脯鱼盐而已。今熟食编列,殽施成市。似乎汉人之食,奢侈异常矣。然《论衡》,谓海内屠肆,六畜死者,日数千头,不过今日一大市耳。知《盐铁论》之言,有过其实也。闵仲叔日买猪肝一片,屠者或不肯与,夫以仲叔之廉,岂其赍贷不还,所以不肯与者,盖以宰杀无多,欲留以待他人之求也。浊氏以胃脯而连骑(《汉书·货殖传》),则凡小业皆可致富。亦不能以是而言汉世粥饪之盛也。要而言之,汉世之饮食,犹远较今世为俭。

无屠沽则食必特杀,因家常畜,惟有鸡豚,《盐铁论》言:一豕之肉,得中年之收(亦见《散不足篇》)。故多杀鸡。《三国魏志·典韦传》:襄邑刘氏,与睢阳李永为仇,韦为报之,永故富春长,备卫甚谨,韦乘车载鸡酒,伪为候者,门开,怀匕首入,杀永,并杀其妻。可见相问遗者亦如是,使是处皆有屠肆,适市求之,岂不较杀鸡更便,此亦可见汉世屠肆之不甚多也。

## 布衣死节

《史记·田单列传》曰："燕之初入齐，闻画邑人王蠋贤，令军中曰：环画邑三十里无入，以王蠋之故。已而使人谓蠋曰：齐人多高子之义，吾以子为将，封子万家。蠋固谢。燕人曰：子不听，吾引三军而屠画邑。王蠋曰：忠臣不事二君，贞女不更二夫，齐王不听吾谏，故退而耕于野。国既破亡，吾不能存。今又劫之以兵，为君将，是助桀为暴也。与其生而无义，固不如烹。遂经其颈于树枝，自奋绝脰而死。齐亡，大夫闻之曰：王蠋布衣也，义不北面于燕，况在位食禄者乎？乃相聚，如莒求诸子，立为襄王。"案布衣本无死节之义，蠋所以必死者，以敌人劫之以为将。公山不狃曰："君子违不适仇国。未臣而有伐之，奔命焉，死之可也。"（《左氏》哀公八年。）今蠋曰"齐王不听吾谏，故退而耕于野"，则固尝仕齐矣。以湣王之暴，故无旧君反服之义；然倒戈助敌，则已甚矣；况于所谓燕人者，自蠋视之，亦桀也；助桀为虐，其可乎？是为君为民，两有不可，所谓进退惟谷者也。而燕人顾劫之以屠画邑，则蠋安得而不死？

## 中和

中庸曰："致中和，天地位焉，万物育焉。"少尝读而疑之，以为人之力，安能位天地，育万物，毋乃言之夸乎？及读《繁露·循天之道》篇，然后知其义也。《中庸》者，言礼而本之天道者也。其言致中和而天地位，万物育，乃言天道，非言人事也。《繁露》之言曰："循天之道，以养其身，谓之道也。天有两和，以成二中，岁立其中，用之无穷。是北方之中，用合阴，而物始动于下；南方之中，（上疑夺是字。是，正也。）用合阳，而养始美于上。其动于下者，不得东方之和不能生，中春是也。其养于上者，不得西方之和不能成，中秋是也。""中者，天下之所终始也；而和者，天地之所生成也"；此皆言天事也。其言人事，则曰："泰实则气不通，泰虚则气不足，热胜则气寒，寒胜则气□，泰劳则气不入，泰佚则气宛至，怒则气高，喜则气散，忧则气狂，惧则气慑；凡此十者，气之害也。而皆生于不中和。故君子怒则反中而自说以和，喜则反中而收之以正，忧则反中而舒之以意，惧则反中而质之以精。"此皆自致于和之术。盖《中庸》主于治心，故但言喜、怒、哀、乐；《繁露》此篇，兼言养身，故并及实、虚、热、寒、劳、佚也。

悟道必由于积渐，一人如是，一群亦然。群所共喻之义，未有不本于日用行习，徐徐扩而充之者。中国之民，邃古即以农为业。农业与天时，相关最切，故其民信天最笃。一切人事，无不以之傅合天道，后来陈义虽高，然其初起之迹，固犹有不可掩者，《中庸》则其一也。《中庸》言"天之生物，必因其材而笃焉。故栽者

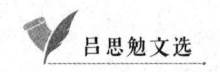

培之，倾者覆之"，此即其原出农业之群之显证。其言"惟天下至诚，为能尽其性"，而又以至诚之德，归诸天地。美天之高明而能覆物，地之博厚而能载物，美其无息，称其不贰。义虽稍隐，仍可微窥。其称致曲之德曰"曲能有诚，诚则形，形则著，著则明，明则动，动则变，变则化"，此为人所当尽之道而其义仍在于法天。《易》言"在天成象，在地成形""县象著明，莫大乎日月"，所谓"诚则形，形则著，著则明"也。"日月运行，一寒一暑，"所谓"明则动"也。"句者毕出，萌者尽达"，所谓动则变，变则化也。终之曰"不见而章，不动而变，无为而成"，则孔子所谓"天何言哉？四时行焉，百物生焉"也。一言蔽之，言道皆法天地，而天地之德，在其能生物而已。

故其言曰"喜怒哀乐之未发，谓之中；发而皆中节，谓之和"，此言人事也。又曰"中也者，天下之大本也；和也者，天下之达道也；致中和，天地位焉，万物育焉"，则举天道以诏人事也。《繁露》先言天道，后言人事；《中庸》先言人事，后举天道以明之，其言虽殊，其义一也。因《中庸》此处，未曾显言天道，后人遂谓天地位，万物育，皆由于人之能履中蹈和，则其义不可通，而若不免于夸诞矣。《礼运》曰："故天秉阳，垂日星；地秉阴，窍于山川，和而后月生也。"（《注》："秉，犹持也。言天持阳气施生，照临天下也。窍，孔也。言地持阴气，出纳于山川，以舒五行于四时。比气和，乃后月生而上配日。"）《祭义》曰："日出于东，月生于西，阴阳长短，终始相巡，以致天下之和。"其言和皆主天事，固可与《中庸》互证也。（《周官》大宗伯曰："以天产作阴德，以中礼防之。以地产作阳德，以和乐防之。"《周官》六国时书，仍知中和之德，本于天地。足征此为古者人人共喻之义也。）

物之循环无端者，原不能强指其一处而谓之中。然其用既相反而相成，则其彼此更代之际，自与他处有异。此其相际之处，即礼家之所谓中矣。(《易·泰卦》九三："无平不陂，无往不复。"《象》曰："无往不复，天地际也。")董子曰："天地之道，虽有不和者，必归之于和，而所为有功。虽有不中者，必止之于中，而所为不失。是故阳之行，始于北方之中，而止于南方之中。阴之行，始于南方之中，而止于北方之中。阴阳之道不同，至于盛而皆止于中，其所始起，皆必于中。中者，天地之大极也。(极所以有至与中二义。)日月之所至而却也，长短之隆，不得过中，天地之制也。兼和与不和，中与不中而时用之，尽以为功。是故时无不时者，天地之道也。"阳之行始于北方之中，阴之行始于南方之中，此喜、怒、哀、乐未发时所当正之位也。阳之行止于南方之中，阴之行止于北方之中，此喜、怒、哀、乐既发后所当中之节也。未发时不能正其位，则既发后必不能中其节矣。此正本、谨始、慎独诸义所由来也。"发而皆中节"之"节"，即《乐记》"大礼与天地同节"之"节"。"谓之和"之"和"，即《乐记》"大乐与天地同和"之"和"。此礼乐之所以相须而成，而《中庸》之所以为礼家言也。

"长短之隆，不得过中"，此即《易》盈虚消息之义。《丰》之《彖辞》曰："日中则昃，月盈则食，天地盈虚，与时消息，而况于人乎？况于鬼神乎？"《系辞传》曰："日往则月来，月往则日来，日月相推而明生焉。寒往则暑来，暑往则寒来，寒暑相推而岁成焉。往者屈也，来者信也，屈信相感，而利生焉。"《蛊》之《彖辞》曰："终则有始，天行也。"《剥》之《彖辞》曰："君子尚消息盈虚，天行也。"《复》之《彖辞》曰："反复其道，七日来复，天行也。"皆以天道言之，亦足见古昔之哲学，无不以法天为之本也。

法天者既法其消息盈虚，故无久而不变之义。"革"之《彖辞》所谓"天地革而四时成，汤武革命，顺乎天而应乎人也"。物不可以不革，而此不可不革之道，则久而不革，此《易》所以兼变易不易二义。《恒》之《彖辞》曰："天地之道，恒久而不已也。"而又继之曰："利有攸往，终则有始也。日月得天而能久照，四时变化而能久成。"以此，恒变而不已者，莫如四时。故"损益盈虚"，贵于"与时偕行"。（《损·彖辞》。）而"亢龙有悔"，在于"与时偕极。"（《乾·象辞》。）

天有四时，地有五行，其事相成也。四时既以运行为义，五行何独不然。故曰："五行之动，迭相竭也。"（《礼运注》："竭，犹负载也。言五行运转，更相为始也。"《疏》："犹若春时木王，则水为终谢，迭往王者为负竭，夏火王则负竭于木也。"）此五德终始之义所本。

《中庸》之道，既归本于法天；而其所法者，为天地生物之功用；则此二字之义，自当如郑目录，以庸为用，谓其记中和之为用。程伊川曰："不偏之谓中，不易之谓庸。"义则精矣，非记者之意也。通篇皆极称中，无更言庸者，二字非平列可知。

人之心，恒陶铸于其群。故一时一地之人之议论，枝节虽异，根本必同，先秦诸子则是也。先秦诸子皆言法天，皆贵变易，皆主循环，即由中国之文明，植根于农业。农业与天时，相关最切之故。然诸家于循环变化之道，言之甚备；而于变化之分际，则未有详哉言之如儒家之中庸者，此礼家之所以有独至之处欤。（《管子·形势》曰："往者不至，来者不极。"此二语颇足与《中庸》相发明。《管子》固多儒家言也。）

人之情，诸书所言亦不一。《礼运》以喜、怒、哀、惧、爱、恶、欲为七情。《大戴记·文王官人》以喜、怒、欲、惧、忧为五性。（《周书·官人》作五气。）《左氏》昭公二十五年，载子大叔述子产之言，以好、恶、喜、怒、哀、乐为六志。《管子·内业》言忧、乐、喜、怒、欲、利。惟《心术》亦言喜、怒、哀、乐，与《中庸》同。案《周书·度训》曰："凡民生而有好有恶，小得其所好则喜，大得其所好则乐，小遭其所恶则忧，大遭其所恶则哀。"其言最为明白。盖人之性，惟有好恶二端，各以其甚否分为大小，犹天有阴阳，分为大少也。言五性，盖所以配五行；六志则子产明言其生于六气；《礼运》之言七情，盖所以配四时及三光，其下文云："以四时为柄""以日星为纪""月以为量"也，虽因所配者不同而异其辞，要之以天道为本。

## 无为

　　世皆以无为訾道家,谓其无所事事,非也。诸子百家无不贵无为者。他家姑勿论,论语:"子曰:无为而治者,其舜也与?夫何为哉,恭己正南面而已矣!"(《卫灵公》。)《中庸》亦曰:"不见而章,不动而变,无为而成。"此非儒家之显言无为者乎?为与化同音,本一语。两间品物之成,无不由于变化者。《易》曰:"乾道变化,各正性命。"(《乾·彖辞》。)又曰:"水火相逮,雷风不相悖,山泽通气,然后能变化。"(《说卦》。)《乐记》曰:"地气上齐,天气下降,阴阳相摩,天地相荡,鼓之以雷霆,奋之以风雨,动之以四时,暖之以日月,而百化兴焉。"又曰:"和故百物皆化。"又曰:"化不时则不生。"《左氏》昭公七年,子产曰:"人生始化曰魄。"此化字皆即为字也。(《中庸》曰:"动则变,变则化。"《管子·侈靡》曰:"天地不可留,故动。化故从新。")物之施以人力,望其变化者,尤莫如五谷。《礼记·杂记》:"子贡观于蜡,孔子曰:赐也乐乎?对曰:一国之人皆若狂,赐未知其乐也。子曰:百日之蜡,一日之泽,非尔所知也。张而不弛,文武弗能也。弛而不张,文武弗为也。一张一弛,文武之道也。""文武弗为"之"为",即贾生谏放民私铸,"奸钱日多,五谷不为"之"为"。(《汉书·食货志》,今本作五谷不为多。多字后人妄增。)言弛而不张,虽文武,不能使物变化而有成也。人之生必资于物。品物繁庑,实为生民之福。祭之义在于求福,福之本义为备,而《凫鹥》之诗曰"公尸燕饮,福禄来为";《祭统》曰"贤者之祭也,不求其为",皆推本于物之变化而有成。最可见为字之本义。人之生必资于为如此，顾以无为为贵，何哉？变化之事多端，而其道则贞于一。必守此道而无失，而后其变化可遂岁月日时无易，则百谷用成其证。故曰："无为而物成，是天道也。"（《哀公问》。《论语·阳货》，子曰"天何言哉，四时行焉，百物生焉，天何言哉！"即此义。）又曰："天地之道，可一言而尽也。其为物不贰，则其生物不测。"（《中庸》。）然则无为者，正所以成其无不为也。天道如此，人事亦然。《管子》曰"过在自用，罪在变化""变化则为生，为生则乱矣"，此为之谓也。又曰"与时变而不化，应物而不移，日用之而不化"，则无为之谓也。（《心术》。）《礼运》曰："宗祝在庙，三公在朝，三老在学。王前巫而后史，卜筮瞽侑，皆在左右。王中，心无为也。以守至正。""生于其心，害于其政；发于其政，害于其事。"政之为，正自其心之为始也。此无为而治之真诠也，此无为之所以贵也。

## 汉时珠玉之价

昔人说经，每以当时之事为况。此无以见经义之必然，特颇可考作注者之时之情形耳。如《周官》司市思次介次，郑《注》云：思次若今市亭也，介次市亭之属别小者也。司农则云：思，辞也；次，市中候楼也。赵注孟子之滕馆于上宫，曰：上宫，楼也；孟子舍止宾客所馆之楼上也。作《周官》时市中是否有候楼，孟子时楼上是否可舍止，皆有可疑。然汉时市中有候楼，楼上可舍止，则于此可见矣。肆长职云：各掌其肆之政令，陈其货贿，名相近者相远也，实相近者相尔也；而平正之。郑司农云：谓若珠玉之属，俱名为珠，俱名为玉；而贾或百万，或数万，恐农夫愚民见欺，故别异，令相远。价值百万或数万之物，安得为农夫愚民所求，拟不于伦，真堪发噱。然汉时珠玉之价，则于此可见也。又案《史记·平准书》颜异言：今王侯朝贺以苍璧，直数千，而其皮荐反四十万，本末不相称。则汉世之璧，固有直仅数千者。

## 汉人不重黄金

《后汉书·西羌传》：汉阳人杜琦，及弟季贡，同郡王信等，与羌通谋，聚众入上邽城。诏购募得琦首者，封列侯，赐钱百万。羌、胡斩琦者，赐金百斤，银二百斤。汉世黄金一斤值钱万，则金百斤恰与钱百万相当，羌、胡无封侯之赏，故赢银二百斤也。夫使汉人果重黄金，诏书何难亦以金百斤为购。案汉世赐外夷，罕用钱者。《汉书·韩安国传》：安国言汉遣刘敬，奉金千斤，以结和亲。《匈奴传》：昭帝时属国千长义渠王骑士射杀犁汗王，赐黄金二百斤。建平四年，乌珠留单于上书，愿朝五年，汉初弗许，以扬雄谏，召还使者，更报单于书许之，赐缯帛五十匹，黄金十斤。王莽拜右犁汗王咸为孝单于，赐黄金千斤，杂缯千匹。（《莽传》同。）咸子助为顺单于，赐黄金五百斤。《乌孙传》：楚主与汉使谋，击伤狂王，汉遣中郎将张遵持医药治狂王，赐金二十斤。小昆弥乌就屠死，子拊离代立，为弟日贰所杀，汉遣使者立拊离子安日为小昆弥，日贰亡，阻康居。汉徙己校屯姑墨，欲候便讨焉。安日使姑墨匿等三人诈亡从日贰，刺杀之，都护廉褒赐姑墨匿等金人二十斤。《后汉书·南匈奴传》：南单于比遣子入侍，赐黄金锦绣，缯布万匹，絮万斤。单于岁尽，辄遣奉奏送侍子入朝，元正朝贺，拜祠陵庙毕，汉乃遣单于使，令谒者将送，赐采缯千匹，锦四端，金十斤。建武二十七年，北单于使诣武威求和亲，汉遗以杂缯五百匹，又赐献马左骨都侯、右谷蠡王杂缯各四百匹。《倭传》：汉赐卑弥呼白绢五十匹，金八两。《西南夷传》：哀牢王类牢反，邪龙县昆明夷卤承等应募，率种人与诸郡兵破斩之，赐卤承帛万

171

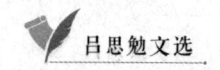

匹。除前汉时呼韩邪来朝，赐黄金二十斤，钱二十万。《后书·鲜卑传》言：鲜卑大人，皆来归附，并诣辽东受赏赐，青、徐二州，给钱岁二亿七千万为常外，无以钱赐外夷者。盖呼韩邪身入汉地，有所贸易，可以用钱。《鲜卑传》所云，则以钱供经费，非以之赐蛮夷也。（《袁安传》：安奏封事，言汉故事，供给南单于费直岁亿九十余万，西域岁七千四百八十万，亦以是计经费，非径以之畀蛮夷。）盖钱在胡地无所用，即与汉人互市有用，以为赐亦虑重赍。而在汉地，则金又无所用之也。知此，则知黄金本非平民所好矣。

或言《汉书·赵充国传》：天子告诸羌人，犯法者能相捕斩，除其罪。斩大豪有罪者一人，赐钱四十万，中豪十五万，下豪二万，大男三千，女子及老小千钱。又以其所捕妻子财物尽与之。明赐羌人亦以钱，而购杜琦以金银，足见其以金为贵重也。然羌人在塞内久，或在塞上，可以用钱。后汉则兼募羌、胡，胡者，西域胡人，其地固行金银之钱，故以金银为购耳，此又见在汉地者之不重金银也。

# 飞行术

飞行，人之所愿也。虽不能遂，然不能禁人不试之。《汉书·王莽传》：莽募有奇技术可攻匈奴者，"或言能飞，一日千里，可窥匈奴。莽辄试之。取大鸟翮为两翼，头与身皆着毛，通引环纽，飞数百步堕"。大鸟翮非仓卒可得，能飞数百步堕，亦不易。可见其人必习之有素。

《隋书·刑法志》：北齐文宣帝"尝幸金凤台，受佛戒，多召死囚，编篾簇为翅，命之飞下，谓之放生，坠皆致死，帝视以为欢笑"。文宣虽残虐，当时亦必有获免者，故以放生为名，而于受佛戒时行之。《北史》云：元世哲从弟黄头，文宣使与诸囚自金凤台各乘纸鸱以飞，独能飞至紫陌，仍付御史狱，乃饿杀之。即飞行者不死之证。

自金凤台至紫陌，盖不翅数百步矣，足见人非必不可飞，此其所以有试为之者欤。"一日千里"，盖传者夸侈之辞，其人自诡，或亦曰数百千步耳。